Prentice Hall Realidades

Reading, Writing, and Speaking Skills Practice

Volume 2

PEARSON

Boston, Massachusetts   Chandler, Arizona   Glenview, Illinois   Hoboken, New Jersey

Acknowledgements appear on p. 258, which constitutes an extension of this copyright page.

ISBN-13: 978-0-13-330300-1
ISBN-10:   0-13-330300-4

4 5 6 7 8 9 10 V001 18 17 16 15

Table of Contents

Tema 7: La diversidad humana

Tema 8: Las artes culinarias y la nutrición

Tema 9: Nuestra compleja sociedad

Tema 10: El empleo y la economía

Tema 11: El tiempo libre

Tema 12: Temas que no pasan de moda

Level 3

Tema 1   Días inolvidables: Lectura 1

Los caminos incas: una aventura inolvidable

1 Mucho antes de la llegada de los españoles, los incas construyeron un imperio en Sudamérica que cubrió unos 1.700.000 kilómetros cuadrados. Para poder
5 comunicarse por todo este inmenso territorio, hicieron un sistema de senderos. Se dice que los incas podían pescar un pez en la costa y el mensajero lo entregaba al emperador en Cuzco (en medio de los Andes) en menos de
10 tres horas por los senderos.

Aún hoy estos senderos se extienden por partes de Ecuador, Colombia, Perú, Bolivia, Chile y Argentina. El camino más importante y el más recorrido es el
15 Camino Inca que lleva a las ruinas de la ciudadela sagrada de Machu Picchu, las ruinas más impresionantes de esta cultura. Miles de turistas viajan a Perú para hacer la larga caminata por el Camino Inca. Este
20 ofrece un paisaje magnífico con montañas, valles y una abundante flora y fauna.

Los visitantes pueden llegar a Machu Picchu de varias maneras. Si uno está en forma, puede completar el Camino Inca
25 clásico que sale de Cuzco y tarda cuatro días en llegar a Machu Picchu. Para esta caminata se recomienda llevar unas buenas botas para caminar, repelente de insectos, linternas, botellas de agua
30 y pastillas para purificar el agua, una tienda de acampar, un saco de dormir, una mochila liviana con ropa y medicina para evitar el mal de altura. También es posible hacer un recorrido un poco más fácil a
35 caballo en un viaje que solo dura dos días. Pero, al que no es muy aventurero o tiene problemas de salud, se le recomienda hacer el recorrido en tren con la opción de tomar el autobús luego. Aunque se pierde
40 la experiencia de caminar por una de las rutas del Camino Inca, el tren es una buena alternativa para ver los restos de esta hermosa y misteriosa ciudad inca sin mucho esfuerzo.

45 La Cámara Nacional de Turismo de Perú recomienda viajar a Machu Picchu durante los meses de abril y octubre, cuando el clima es cálido de día y las noches son frías. La temporada de lluvias
50 va de diciembre a marzo. Muchas veces los caminos están cerrados durante estos meses porque hay riesgo de inundaciones.

Sendero inca del Valle Sagrado

Nombre _____   Hora _____

Fecha _____

Vocabulario y comprensión

1. **Vocabulario**   Identifica qué palabra **NO** es un sinónimo de "sendero", según el contexto de la lectura.

    A viaje

    B camino

    C recorrido

    D ruta

2. **Ideas clave y detalles**   Según el texto, ¿qué se puede inferir acerca del sistema de carreteras que hicieron los incas?

    A Permitieron a los españoles conquistar rápidamente el territorio.

    B Permitían a los incas comunicarse muy rápidamente con partes de su imperio.

    C Cruzaban montañas, valles y océanos.

    D Son muy importantes hoy en día para los medios de transporte en Sudamérica.

3. **Composición y estructura**   ¿Por qué el autor dice que el Camino Inca es "el camino más importante y el más recorrido" [líneas 13–14]?

    A porque los incas lo usaban mucho

    B porque conduce a un sitio inca famoso

    C porque el paisaje es hermoso

    D porque es un recorrido agradable a caballo

4. **Ideas clave y detalles**   ¿Por qué dice el autor que el turista debe considerar su salud para decidir cómo llegar a Machu Picchu? Escoge **dos** opciones.

    A porque el Camino Inca es muy largo y se tarda mucho en llegar

    B porque hay diferentes métodos de transporte para llegar, de menor y mayor dificultad

    C porque el recorrido en tren es el más fácil

    D porque solo los turistas que están en forma pueden viajar

Vocabulario y comprensión (continuación)

5. **Composición y estructura**   ¿Cuál es el propósito principal de este artículo?

   A dar recomendaciones a turistas sobre los medios de transporte para llegar a Machu Picchu

   B dar información general a turistas que quieren recorrer los caminos incas y visitar Machu Picchu

   C informar sobre la historia y la época de visita de los caminos incas

   D hablar de la importancia de los caminos incas y de Machu Picchu

Tema 1   **Días inolvidables: Lectura 2**

De:	Natalia Verón
A:	
Asunto:	Mi visita a Machu Picchu

1   Querida mamá:

Ayer llegamos a Cuzco, el primero de los destinos del paquete turístico que contrató la escuela para ir a Machu Picchu. Sabes que a mí no me gusta mucho viajar con un tour organizado, pero creo que al final tenías razón: como somos un 5   grupo grande, fue buena la decisión de tener guías y organizadores.

Hoy nos despertamos muy temprano y fuimos en tren hasta Aguas Calientes.

Una vez que llegamos al pueblo, el guía nos dijo que íbamos a caminar hasta Machu Picchu. El camino fue un poco largo porque íbamos subiendo la montaña por el sendero. Eso sí, fue muy bonito porque el día estaba soleado y pudimos ver 10   las vistas espectaculares del valle y las montañas. Mientras andábamos, vimos a muchos caminantes que apenas podían avanzar por el peso de sus mochilas. Creo que ellos hicieron el Camino Inca de cuatro días porque las mochilas estaban cargadas con sacos de dormir, tiendas de acampar y mucho equipo. Afortunadamente, todos nosotros seguimos las instrucciones de los guías del tour y 15   trajimos mochilas muy livianas con nuestras cámaras, agua, medicina para la altura y un pequeño almuerzo. Estábamos bien preparados para la caminata.

Después de un buen rato, llegamos a la entrada del parque donde vimos unas escaleras de piedra enormes; tardamos como 45 minutos en escalarlas pero por fin llegamos a las ruinas. El paisaje desde la Puerta del Sol es impresionante porque 20   puedes ver todo el valle. Después de entrar a la antigua ciudad, el guía nos habló sobre la historia de Machu Picchu y sus ruinas mientras caminábamos. ¿Sabías que se cree que la construcción de esta ciudad fue un secreto y que la ciudad estuvo perdida por más de 200 años? En fin, fue una experiencia inolvidable; realmente estuvo de película.

25   Bueno, mami, ya se me acaba el tiempo que compré para usar la Red, pero pronto te escribo de nuevo. Vuelvo dentro de 2 semanas, justo para celebrar el 4 de julio.

Te quiere mucho,
Natalia

Vocabulario y comprensión

1. Vocabulario   Contesta las preguntas.

Parte A: Empareja cada palabra con la mejor definición o descripción según el texto.

> caminata   caminar   caminante   camino

_____ **A** persona que va a Machu Picchu

_____ **B** el recorrido a pie que hacen las personas que van a Machu Picchu

_____ **C** la ruta o vía por donde los turistas transitan para llegar a las ruinas

_____ **D** andar o ir a pie hasta Machu Picchu

Parte B: Observa las palabras de la parte A de nuevo. Identifica la raíz, o parte de la palabra, que todas tienen en común y escríbela en el espacio en blanco.

Raíz: _____

2. Composición y estructura   Según el texto, la clase llegó a la entrada del parque "después de un buen rato" [línea 17]. ¿Qué quiere decir Natalia con esta expresión?

A que pasaron muchos días antes de llegar al parque

B que hizo buen tiempo durante el camino

C que el recorrido duró un largo tiempo

D que llegaron al parque de inmediato

3. Composición y estructura   En el texto, Natalia usa la expresión "estuvo de película" para referirse a su visita a Machu Picchu [línea 24]. ¿Qué significa "de película" en este contexto?

A que la experiencia fue una película

B que la experiencia fue muy interesante

C que la experiencia fue extraordinaria

D que se imaginó la experiencia

Vocabulario y comprensión (continuación)

4. **Ideas clave y detalles**   Lee esta oración: "Sabes que a mí no me gusta mucho viajar con un tour organizado, pero creo que al final tenías razón:…" [líneas 3–5] Según esta oración, ¿qué tipo de viaje prefiere hacer Natalia a lugares como Machu Picchu?

   A Prefiere contratar a un guía turístico.

   B Prefiere visitar los lugares en forma independiente.

   C Prefiere recorrer los lugares en grupo con ayuda de un mapa.

   D Prefiere viajar en grupos grandes.

5. **Ideas clave y detalles**   Lee esta oración: "Afortunadamente, todos nosotros seguimos las instrucciones de los guías del tour…" [líneas 14–16] Según Natalia, ¿cuáles fueron los beneficios de seguir las instrucciones de los guías para un viaje de este tipo?

   A Llevaron mochilas pequeñas.

   B Almorzaron.

   C Llevaron sacos de dormir.

   D Llevaron el equipaje apropiado.

Archivo   Editar   Ver   Ir a   Favoritos   Ayuda

Regresar   Siguiente   Inicio   Recargar   Buscar   Detener   Favoritos

Aventuras desde Perú: Blogs de viajes a Machu Picchu
5 de febrero de 2013

1   Esta semana Isabel, Pedro, Juan y yo fuimos a Machu Picchu. Decidimos hacer el Camino Inca de cuatro días y tres noches. Aunque ninguno de nosotros se entrenó mucho, igual decidimos animarnos a la aventura. Este camino empieza en Cuzco y termina en la selva alta de Machu Picchu. El primer día empezamos a caminar hacia

5   Wayllabamba, sendero muy fácil de caminar con paisajes hermosos del Nevado Verónica. Después de llegar a Wayllabamba, instalamos las tiendas de acampar y sacamos los sacos de dormir de las mochilas. Hicimos una fogata porque hacía frío. Un poco antes del anochecer comenzó a llover muy fuerte. Nos refugiamos en la tienda de campaña, porque además de la lluvia empezó a caer granizo. ¡La tormenta

10   duró cuatro horas! Nos asustamos mucho, pero por suerte nadie se lastimó.

   El segundo día partimos hacia Pacaymayo; este fue el día más difícil porque caminamos al punto más alto del Camino Inca, el Warmiwañiusca o "La mujer dormida". A mitad de camino, Pedro, Juan y yo nos tuvimos que sentar un rato porque olvidamos tomar las medicinas para la altura y nos dolía mucho la cabeza.

15   Más tarde, después de que comenzamos a bajar por el camino para llegar a Pacamayo, empezó a llover de nuevo. Lamentablemente, la lluvia no nos dejaba ver bien y, por lo tanto, ni siquiera (*not even*) pudimos admirar el paisaje. Estábamos todos mojados, pero bueno, como dice mi mamá, "al mal tiempo buena cara". Por fin llegamos e instalamos las tiendas de acampar como pudimos y nos fuimos a dormir.

20   El tercer día no llovió. A pesar del resfriado por la lluvia del día anterior, caminamos desde Pacamayo hasta Wiña y Huayna. La ruta nos pareció sencilla: el camino era prácticamente recto. Fue un día muy interesante porque pasamos por dos ruinas antiguas, Runkarakay y Puyupatamarca, que servían como puntos de descanso para los mensajeros.

25   Finalmente, el cuarto día salimos muy temprano hacia Machu Picchu para ver el amanecer y entrar por el Intipunku (la Puerta del Sol). Este camino no fue tan difícil, pero estábamos tan cansados que nos costaba caminar con las mochilas… Llegamos a Machu Picchu justo al amanecer. Nos emocionó ver la ciudad inca, aunque la verdad no pudimos apreciarla mucho porque estaba nublado. Las fotos que sacamos

30   no están muy buenas pero son un recuerdo del viaje inolvidable que hicimos.

   En conclusión, aunque tuvimos muchos problemas y no pudimos aprovechar el viaje completamente, Machu Picchu es sin duda una experiencia increíble. Eso sí, nos aseguraremos (*make sure*) de prepararnos mejor para la próxima aventura.

   Adrián, colombiano

Vocabulario y comprensión

1. Vocabulario Identifica qué palabras se refieren a las dificultades de este viaje. Escoge **dos** opciones.

A granizo

B fogata

C resfriado

D paisaje

2. Composición y estructura Contesta las preguntas.

Parte A: Indica por qué Adrián recuerda la expresión de su madre "al mal tiempo buena cara" [línea 18].

A porque siempre recuerda a su madre cuando tiene problemas

B porque a pesar de las dificultades, siguieron el camino

C porque todos tenían buena cara

D porque hizo mal tiempo

Parte B: Según tu respuesta en la parte A, identifica la explicación apropiada de la expresión "al mal tiempo buena cara".

A que, aunque las cosas no siempre salen bien, hay que tener buena actitud y seguir adelante

B que hay que mostrarse bien ante los demás cuando las cosas no están funcionando como queremos

C que uno se debe desanimar cuando las cosas no van bien

D que hay que conformarse con las situaciones que se nos presentan en la vida

3. Ideas clave y detalles ¿Por qué se sentían mal los chicos cuando llegaron a "La mujer dormida" [líneas 12–13]?

A porque no estaban preparados para la lluvia

B porque no estaban preparados para lugares muy altos

C porque no estaban preparados para el granizo

D porque no habían comido nada en dos días

Vocabulario y comprensión (continuación)

4. **Ideas clave y detalles**   Según el texto, ¿qué se puede inferir sobre el Camino Inca?

   A Es muy fácil; dura cuatro días y tres noches.

   B Hay que atravesar muchos obstáculos.

   C Solo las personas en forma pueden hacer este camino.

   D Es peligroso porque cruza las montañas.

5. **Integración de conocimientos**   Basándote en las recomendaciones de la lectura 1 y las experiencias de estos viajeros, ¿qué deben tener en cuenta los futuros viajeros independientes para hacer el viaje del Camino Inca con éxito?

   A Deben llevar mochilas con equipo de campamento.

   B Deben contratar a varios guías para no perderse.

   C Deben prestar atención a los meses del año que escogen para viajar.

   D Deben evitar la altura.

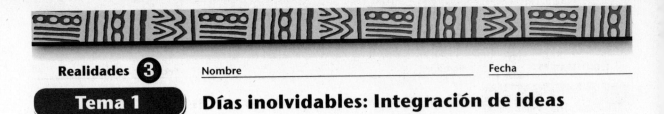

Días inolvidables: Integración de ideas

Escribir

Compara a los viajeros de la lectura 3 con la viajera de la lectura 2. ¿Qué debieron hacer los viajeros de la lectura 3 para prepararse mejor para el viaje? Usa evidencia de las tres lecturas para justificar tu respuesta.

_____

_____

_____

_____

_____

_____

_____

_____

_____

Writing Task Rubric

	Score: 1 Does not meet expectations	Score: 3 Meets expectations	Score: 5 Exceeds expectations
Completion of task	Does not complete the task within context of the topic.	Partially completes the task within context of the topic.	Effectively completes the task within context of the topic.
Use of evidence	Student presents no evidence from the selections to support response.	Student presents evidence from only two selections to support response.	Student presents evidence from all three selections to support response.
Comprehensibility	Student's ideas are unclear and are difficult to understand.	Student's ideas are somewhat clear and coherent and fairly well understood.	Student's ideas are clear, coherent, and easily understood.
Language use	Very little variation of vocabulary use with many grammatical errors.	Limited usage of vocabulary with some grammatical errors.	Extended use of a variety of vocabulary with very few grammatical errors.
Fluency	Uses simple sentences or fragments.	Uses complete but simple sentences.	Uses a combination of simple and complex sentences.

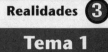

Días inolvidables: Integración de ideas (continuación)

Hablar y escuchar

En parejas, preparen un folleto publicitario del Camino Inca clásico de Cuzco a Machu Picchu para presentar a la clase. Basándose en las lecturas, incluyan cuántos días dura la caminata, si es un viaje independiente u organizado, cuándo deben viajar, y qué recomendaciones tienen que seguir para hacer con éxito el Camino Inca. Deben incluir ilustraciones y mapas en su presentación.

Presentational Speaking Task Rubric

	Score: 1 **Does not meet expectations**	Score: 3 **Meets expectations**	Score: 5 **Exceeds expectations**
Completion of task	Does not complete the task within context of the topic.	Partially completes the task within context of the topic.	Effectively completes the task within context of the topic.
Use of evidence	Student presents no evidence from the selections to support response.	Student presents evidence from only two selections to support response.	Student presents evidence from all three selections to support response.
Comprehensibility	Student's ideas are unclear and are difficult to understand.	Student's ideas are somewhat clear and coherent and fairly well understood.	Student's ideas are clear, coherent, and easily understood.
Language use	Very little variation of vocabulary use with many grammatical errors.	Limited usage of vocabulary with some grammatical errors.	Extended use of a variety of vocabulary with very few grammatical errors.

El arte tradicional y el arte de vanguardia

1   ¿**Q**ué es una obra de arte? ¿Y qué no lo es? ¿Es el arte contemporáneo un arte real y verdadero o una moda pasajera (*fad*) que todos vamos a olvidar 5   pronto?

Algunas personas piensan que el único arte verdadero es el arte tradicional, como la *Mona Lisa* de Leonardo da Vinci. Cuando piensan en el arte, generalmente 10   imaginan a un pintor pintando con su pincel y su paleta. El pincel y las pinturas de óleo (*oil paints*) son materiales tradicionales que se usan para crear arte. El arte tradicional también incluye 15   categorías bien establecidas: retrato, autorretrato, paisaje y naturaleza muerta.

¿Es el arte contemporáneo un arte real y verdadero o una moda pasajera que todos vamos a olvidar pronto?

Otros piensan que el arte tradicional es algo del pasado y que es aburrido seguir produciendo arte tradicional. Piensan que 20   las nuevas generaciones necesitan un arte moderno, un arte con materiales y técnicas nuevos. Algunos artistas contemporáneos, en lugar de usar pinturas, usan objetos ordinarios de la vida diaria, como papel 25   de periódicos y revistas, zapatos viejos, botellas, ropa usada, comida y ¡hasta basura! El arte de hoy deja atrás el pasado y presenta nuevas ideas y nuevas formas de hacer arte para el futuro.

30   La obra de Félix González-Torres es arte de vanguardia. No es una obra literal, sino una obra conceptual que no usa materiales creados por el artista. Un retrato tradicional al óleo, como la *Mona* 35   *Lisa*, muestra una imagen que es la cara de la persona, pero González-Torres hizo un retrato conceptual de su padre con un montón de caramelos (*a pile of candy*) en el piso. Ese montón de caramelos representa 40   a su padre porque pesa (*it weighs*) la misma cantidad de libras (*pounds*) que pesaba su padre. Los visitantes a la galería o el museo pueden tomar un caramelo, una metáfora quizás de cómo el cuerpo de 45   su padre desapareció cuando murió. Cada noche, los trabajadores del museo ponen más caramelos para mantener la misma cantidad de libras. Y este proceso se repite todos los días, según las instrucciones de 50   González-Torres.

González-Torres murió muy joven en 1996, pero su obra se muestra a menudo en los museos más famosos de Estados Unidos y otras partes del mundo.

Visitante toma un caramelo de la escultura "América" de Félix González-Torres.

Nombre _____   Hora _____

Fecha _____

Vocabulario y comprensión

1. **Vocabulario**   ¿Qué palabras del texto se asocian con la idea de "vanguardia" [línea 31]?
   Elige **dos** opciones.

   A literal

   B contemporáneo

   C moderno

   D verdadero

2. **Vocabulario**   Identifica la palabra que el autor usa como antónimo de "conceptual"
   [línea 32] para referirse a las obras de González-Torres.

   A pasado

   B futuro

   C vanguardia

   D literal

3. **Composición y estructura**   ¿Con qué propósito usa el autor la palabra "quizás" en la
   frase "una metáfora quizás de cómo el cuerpo de su padre desapareció cuando murió"
   [líneas 44–45]?

   A El autor quiere indicar que no sabe lo que dice.

   B El autor quiere sugerir que hay varias maneras de interpretar esta obra.

   C El autor quiere crear confusión en el lector.

   D El autor quiere indicar que no ha estudiado bien la obra.

4. **Ideas clave y detalles**   El autor escribió: "La obra de Félix González-Torres es arte de
   vanguardia" [líneas 30–31]. Identifica **dos** ejemplos que usa el autor para apoyar esta idea.

   A González-Torres usó caramelos para hacer un retrato de su padre.

   B González-Torres da instrucciones a los trabajadores del museo.

   C La obra de González-Torres se muestra en museos famosos de Estados Unidos y
   otras partes del mundo.

   D González-Torres no usa pinturas de óleo; usa materiales que no son creados por él.

Vocabulario y comprensión (continuación)

5. **Composición y estructura** ¿Por qué el autor explica la obra de González-Torres con mucho detalle?

> **A** Le interesa la relación entre los caramelos y las pinturas de óleo.
>
> **B** Considera que González-Torres es un buen ejemplo del arte de vanguardia.
>
> **C** Al autor le interesa el arte literal más que el arte conceptual.
>
> **D** No le interesan los artistas contemporáneos.

¡No quiero grafitis en nuestra comunidad!

1 Estoy cansado del grafiti en mi comunidad. Estoy cansado de ver estas horribles pinturas en las escuelas, los parques y las casas privadas. Sabemos que el grafiti no es algo nuevo. Sabemos que han encontrado grafitis en los monumentos de la antigua Roma. Pero algo que sí es relativamente nuevo, apenas desde el siglo XX,

5 es usar pinturas de aerosol (*spray paints*) para pintar en espacios públicos. Sabemos por qué estos delincuentes usan latas de aerosol. El aerosol les permite hacer las pinturas rápidamente y salir corriendo. Las latas de aerosol son fáciles de llevar escondidas en la ropa. Los que pintan grafitis no llevan muchos materiales y generalmente trabajan de noche para no ser observados.

10 Yo sé que para algunas personas el grafiti es un arte de vanguardia, una forma de expresión, con un importante mensaje social, político o cultural. Y para ellas es importante no confundir (*confuse*) el grafiti como arte con los garabatos (*scribbles*) y otras marcas feas y ofensivas que aparecen no pintadas, sino "pintorreadas" de manera horrible en nuestros espacios públicos. También entiendo que los artistas

15 de grafiti usan la pared y las latas de aerosol como un artista tradicional usa el lienzo (*canvas*) y los pinceles. Las paredes públicas permiten arte más visible, que no cuesta nada de dinero y que miles de personas pueden ver. Entiendo que hay artistas de grafiti que consideran que sus grafitis continúan con la tradición política y la obra artística como arte social de los grandes muralistas, como Diego Rivera.

20 Pero, francamente, para mí el grafiti en nuestra comunidad no es un arte. Es un crimen, una actividad ilegal. Si alguien pinta en la pared de una casa privada o en la pared de una escuela o un parque público sin permiso, cuesta mucho dinero quitar esa pintura. Este crimen es lo que se llama vandalismo, pues destruye la limpieza (*cleanliness*) y la belleza de nuestra comunidad. Por eso estos delincuentes

25 usan un seudónimo, porque si escriben su nombre, van a tener que pagar una multa (*fine*) o el costo de cubrir el grafiti con pintura limpia.

Yo sé que algunos artistas de grafiti se han hecho famosos, como Bansky en Inglaterra y los Estados Unidos o el Señor X en España. Pero los criminales que hacen grafitis en nuestra ciudad no saben nada de arte. Son ignorantes y no tienen

30 talento. ¡Hay que acabar con ellos!

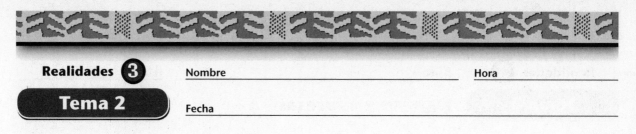

Nombre _____ Hora _____

Fecha _____

Vocabulario y comprensión

1. Vocabulario   Contesta las preguntas.

Parte A: Lee la frase "…es importante no confundir el grafiti como arte con los garabatos y otras marcas feas y ofensivas que aparecen no pintadas, sino 'pintorreadas' de manera horrible…" [líneas 11–14]. ¿Cuál de estas palabras **NO** te ayuda a entender el significado de "pintorreadas"?

A aparecen

B marcas feas y ofensivas

C pintadas

D de manera horrible

Parte B: Ahora, identifica **dos** explicaciones apropiadas para la palabra "pintorreada".

A Está relacionada con "pintar" y tiene una connotación positiva.

B Está relacionada con "pintar" pero tiene una connotación negativa.

C Probablemente quiere decir "pintado mal y sin arte".

D Probablemente quiere decir "pintado por un experto".

2. Composición y estructura   ¿Con qué propósito usa el autor referencias a la historia del grafiti en el primer párrafo?

A para distraer a los lectores

B para demostrar que sabe un poco de historia

C para divertir a los lectores

D para demostrar que reconoce otros puntos de vista

3. Ideas clave y detalles   ¿Cuál de las siguientes frases del texto **NO** indica que los que hacen grafitis saben que sus actividades son ilegales?

A "Las latas de aerosol son fáciles de llevar escondidas en la ropa".

B "Para algunos el grafiti es un arte de vanguardia".

C "generalmente trabajan de noche para que nadie los vea"

D "El aerosol permite hacer las pinturas rápidamente".

Vocabulario y comprensión (continuación)

4. Ideas clave y detalles   ¿Qué puedes inferir que piensan de Diego Rivera algunos artistas de grafiti? Escoge **dos** opciones.

 A que los murales de Diego Rivera son idénticos a los grafitis que ellos hacen

 B que los murales de Diego Rivera son una fuente de inspiración para sus grafitis

 C que todos los muralistas son iguales a Diego Rivera

 D que las obras de Rivera tienen un mensaje político y social

5. Ideas clave y detalles   ¿Cuál de estas opciones resume mejor la idea central de este artículo?

 A Es muy obvio que el grafiti es una forma de arte.

 B Está claro que el grafiti es desde siempre un arte de vanguardia.

 C El grafiti no es un arte, es un crimen y destruye las comunidades.

 D Los que hacen grafitis son dos cosas al mismo tiempo: artistas y criminales.

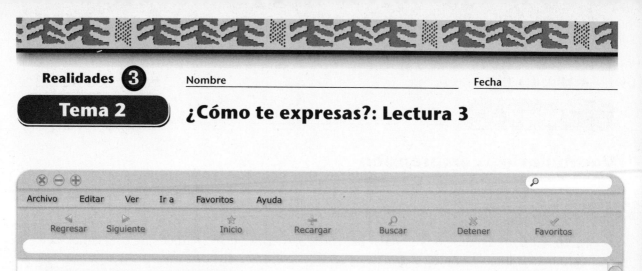

Archivo   Editar   Ver   Ir a   Favoritos   Ayuda

Regresar   Siguiente   Inicio   Recargar   Buscar   Detener   Favoritos

El Portal de Arte Digital

1   ¡Bienvenidos al Portal de Arte Digital!

El arte digital es arte que se hace con computadoras. Lo curioso del arte digital es que la obra no es la imagen que vemos en la pantalla, sino el código que se crea con un programa de computación que escribe el artista. La imagen que vemos en la
5   pantalla es simplemente la representación gráfica de la obra de arte digital.

¿Cómo es esto posible? ¿Cómo podemos decir que la obra es el código y no la imagen? Una respuesta posible es que el arte digital se parece a una obra musical. Un músico escribe las notas de una nueva composición o pieza musical en una hoja de papel que no podemos escuchar. Es como un código que hay que
10 interpretar. Es decir, este código es una serie de instrucciones que otros músicos y el director (*conductor*) del conjunto o de la orquesta deben seguir. Así, la hoja de música indica qué instrumentos hay que tocar y cómo es la melodía y el ritmo. Para poder escuchar la música, hace falta tocarla con instrumentos musicales en una orquesta con un director. El arte digital es algo similar. Es una serie de
15 instrucciones matemáticas escritas en código de computadora. Para poder ver la obra, hace falta una computadora y un operador para hacer visible la obra digital. La computadora es como un instrumento de orquesta. Y el operador es como el director de la orquesta.

Disfruten de esta exposición en línea o visiten nuestra galería, donde mostramos
20 estas imágenes en pantallas gigantes.

Arte fractal, un estilo de arte digital

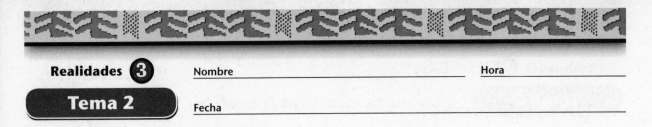

Vocabulario y comprensión

1. Vocabulario   Contesta las preguntas.

Parte A: El texto menciona la palabra "código" varias veces. ¿Cuáles de estas citas del texto te ayudan a entender la palabra "código"? Escoge **dos** opciones.

A "La obra es el código y no la imagen".

B "Es como un código que hay que interpretar".

C "Este código es una serie de instrucciones que otros músicos deben seguir".

D "Es una serie de instrucciones matemáticas escritas en código de computadora".

Parte B: ¿Qué palabras te permiten identificar tu respuesta a la parte A? Escoge **dos** opciones.

A imagen

B computadora

C interpretar

D instrucciones

2. Composición y estructura

Parte A: ¿Qué quiere decir el autor cuando dice "el arte digital se parece a una obra musical" [líneas 7–8]?

A que las imágenes hacen recordar una composición musical

B que es una obra que no se puede apreciar hasta que alguien la interpreta

C que le gusta solo a la gente que ama la música

D que se hace con los mismos símbolos que se usan para escribir música

Parte B: ¿Por qué usa el autor esta comparación?

A Le gusta la música más que el arte.

B Quiere hacer un contraste entre la música y el arte.

C Quiere decir que no hay relación entre el arte y la tecnología.

D Quiere explicar de forma fácil cómo se crea una obra digital.

Vocabulario y comprensión (continuación)

3. **Composición y estructura**   En la lectura, el autor sugiere que una hoja de música es muy similar a…

   A un programador de computadoras.

   B una pantalla de computadora.

   C un programa para crear arte digital.

   D un director de orquesta.

4. **Ideas clave y detalles**   ¿Cuál es el propósito del autor de este texto?

   A informar sobre un nuevo tipo de arte

   B expresar su opinión sobre el arte y la música

   C dar a conocer el sitio web

   D vender computadoras digitales

5. **Ideas clave y detalles**   Según la información de este artículo, ¿qué es lo que esperas ver en una exposición de arte digital?

   A una galería de arte con pinturas en la pared

   B un hombre en frente de una computadora escribiendo códigos

   C una pantalla plana (*flat screen*) con imágenes abstractas

   D un concierto de música computarizada

¿Cómo te expresas?: Integración de ideas

Escribir

¿Crees que el arte de vanguardia, como el grafiti y el arte digital, debe considerarse una forma de arte? Explica tu punto de vista con evidencia de las tres lecturas.

_____

_____

_____

_____

_____

_____

_____

_____

Writing Task Rubric

	Score: 1 Does not meet expectations	Score: 3 Meets expectations	Score: 5 Exceeds expectations
Completion of task	Does not complete the task within context of the topic.	Partially completes the task within context of the topic.	Effectively completes the task within context of the topic.
Use of evidence	Student presents no evidence from the selections to support response.	Student presents evidence from only two selections to support response.	Student presents evidence from all three selections to support response.
Comprehensibility	Student's ideas are unclear and are difficult to understand.	Student's ideas are somewhat clear and coherent and fairly well understood.	Student's ideas are clear, coherent, and easily understood.
Language use	Very little variation of vocabulary use with many grammatical errors.	Limited usage of vocabulary with some grammatical errors.	Extended use of a variety of vocabulary with very few grammatical errors.
Fluency	Uses simple sentences or fragments.	Uses complete but simple sentences.	Uses a combination of simple and complex sentences.

Realidades 3 Nombre _____ Fecha _____

Tema 2 ¿Cómo te expresas?: Integración de ideas (continuación)

Hablar y escuchar

En grupos pequeños, preparen una definición sobre qué es el arte. Consideren cómo se aplica su definición a la información presentada en las tres lecturas. Luego, cada grupo va a presentar su definición frente a la clase para que el resto de los compañeros comenten y den su opinión.

Presentational Speaking Task Rubric

	Score: 1 Does not meet expectations	Score: 3 Meets expectations	Score: 5 Exceeds expectations
Completion of task	Does not complete the task within context of the topic.	Partially completes the task within context of the topic.	Effectively completes the task within context of the topic.
Use of evidence	Student presents no evidence from the selections to support response.	Student presents evidence from only two selections to support response.	Student presents evidence from all three selections to support response.
Comprehensibility	Student's ideas are unclear and are difficult to understand.	Student's ideas are somewhat clear and coherent and fairly well understood.	Student's ideas are clear, coherent, and easily understood.
Language use	Very little variation of vocabulary use with many grammatical errors.	Limited usage of vocabulary with some grammatical errors.	Extended use of a variety of vocabulary with very few grammatical errors.

Tema 3   **¿Qué haces para estar en forma?: Lectura 1**

Elija MiPlato: 10 consejos para crear un buen plato

1 Elegir alimentos para llevar un estilo de vida sano es muy sencillo si sigue estos 10 consejos. Use las ideas de esta lista para balancear las calorías, elegir los alimentos que le conviene (*is advisable*) comer con mayor frecuencia y reducir la cantidad de alimentos que le conviene comer con menos frecuencia.

5 1 Balancee las calorías

El primer paso para controlar su peso es ver cuántas calorías USTED necesita al día. Vaya a www.ChooseMyPlate.gov para determinar la cantidad de calorías. Hacer 10 actividades físicas también le ayuda a balancear las calorías.

2 Disfrute de sus comidas, pero en cantidades más pequeñas

Tómese el tiempo necesario para disfrutar 15 de sus comidas. El comer demasiado rápido o mientras se concentra en otras cosas puede resultar en que coma demasiadas calorías. Preste atención a las señales del hambre y de saciedad (*fullness*) 20 antes, durante y después de las comidas. Úselas para reconocer cuándo debe comer y cuándo ha comido suficiente.

3 Evite las porciones extra grandes

Use platos, platos hondos (*bowls*) y vasos 25 más pequeños. Separe las porciones de alimentos antes de comer. Al salir a comer, elija las opciones de menor tamaño.

4 Alimentos que le conviene comer con más frecuencia

30 Coma más vegetales, frutas, granos integrales, y leche y productos lácteos sin grasa o con 1% de grasa. Esos alimentos contienen los nutrientes que necesita para la buena salud; entre ellos potasio, calcio, 35 vitamina D y fibra. Haga de ellos la base de sus comidas y bocadillos.

5 Haga que la mitad de su plato consista en frutas y vegetales

Al preparar sus comidas, elija vegetales 40 rojos, anaranjados y verduras como tomates, camotes (batatas) y brócoli, así como otros vegetales. Agregue frutas a las comidas como parte de los platos principales o de acompañamiento, o bien 45 como postres.

6 Cambie a leche descremada o baja en grasa (1%)

Contienen la misma cantidad de calcio y otros nutrientes esenciales que la leche 50 entera, pero sin tantas calorías y grasa saturada.

7 Consuma la mitad en granos integrales

Para consumir más granos integrales (*whole grains*), reemplace un producto de 55 grano refinado por un producto de grano integral, como comer pan de trigo integral en lugar de pan blanco o arroz integral en lugar de arroz blanco.

8 Alimentos que le conviene comer con 60 menos frecuencia

Reduzca su consumo de alimentos con grasas sólidas, azúcar y sal adicionales. Estos incluyen pasteles (bizcochos), galletitas, helado, dulces, bebidas 65 endulzadas, pizza y carnes grasas como costillas, chorizo, tocineta y salchichas. Use estos alimentos como antojitos ocasionales, no alimentos para todos los días.

¿Qué haces para estar en forma?: Lectura 1 (continuación)

70 **9 Compare el contenido de sodio de los alimentos**

Use las etiquetas de Información Nutricional (*"Nutrition Facts"*) para elegir sopas, panes y comidas congeladas con

75 menos sodio. Elija alimentos enlatados marcados "bajo en sodio", "sodio reducido" o "sin sal adicional" (*"low in sodium," "reduced sodium," or "without added salt"*).

80 **10 Beba agua en lugar de bebidas endulzadas con azúcar**

Reduzca las calorías al beber agua o bebidas sin azúcar. En las dietas de los estadounidenses, las gaseosas, bebidas de

85 energía y bebidas deportivas representan grandes cantidades adicionales de azúcar y calorías.

Visite www.ChooseMyPlate.gov para obtener más información.

Fuente: Departamento de Agricultura de los Estados Unidos. Centro de Políticas y Promoción de la Nutrición.

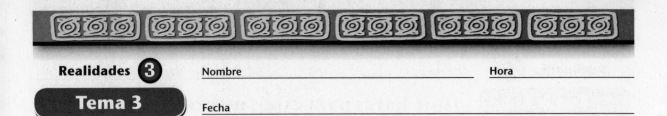

Vocabulario y comprensión

1. **Vocabulario** En el texto se usan las palabras "consumir" [línea 53] y "consumo" [línea 61]. ¿Con qué palabra de abajo se relacionan en la lectura?

   A incluir

   B comer

   C disfrutar

   D reducir

2. **Vocabulario** En el texto aparece el verbo "balancee" [línea 5]. ¿Cuál de los siguientes verbos es un sinónimo de "balancear"?

   A equilibrar

   B moverse

   C aumentar

   D cambiar

3. **Vocabulario** Contesta las preguntas.

   Parte A: ¿Qué opción te ayuda a entender el significado de la palabra "antojitos" en el consejo 8?

   A consumo de alimentos

   B pasteles, dulces, pizza

   C grasas sólidas

   D arroz integral

   Parte B: Según tu respuesta en la parte A, ¿a qué tipos de alimentos se refiere la palabra "antojitos"?

   A alimentos que debemos comer todos los días

   B alimentos que forman un hábito alimenticio

   C alimentos que siempre se comen como merienda

   D alimentos sabrosos que no necesariamente son buenos para la salud

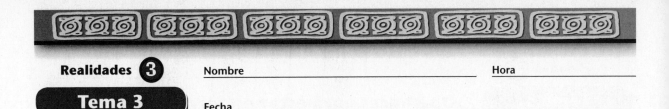

Vocabulario y comprensión (continuación)

4. **Composición y estructura**   ¿Por qué usa el autor mandatos con usted en la lectura?

   A para dar consejos sobre buenos hábitos de alimentación

   B para informar sobre buenos hábitos de alimentación

   C para explicar hábitos de alimentación

   D para presentar resultados de una investigación

5. **Ideas clave y detalles**   ¿Cuál de las siguientes opciones **NO** es un consejo que se da en el artículo?

   A Tenga cuidado con el contenido de sodio.

   B Evite porciones grandes.

   C Beba mucha agua con las comidas.

   D Consuma más granos integrales.

6. **Ideas clave y detalles**   Según las ideas de la lectura, ¿por qué el gobierno de Estados Unidos publicaría un artículo sobre hábitos de alimentación en español?

   A para orientar a las personas hispanas de los Estados Unidos que quieren ser vegetarianas y comer menos carne

   B para informar a la comunidad hispana de los Estados Unidos sobre hábitos de alimentación saludables

   C para aconsejar a las personas sobre la salud en España y otros países

   D para dar información sobre los platos que se comen en Estados Unidos

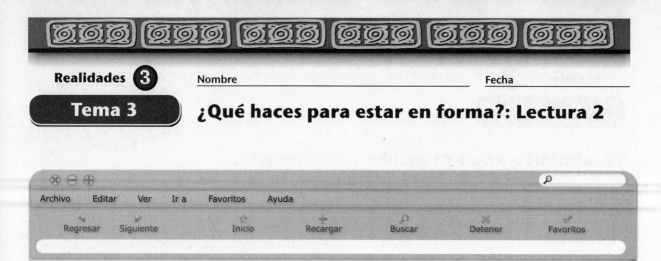

¿Qué es flexitariano?

1   La palabra "flexitariano" (del inglés *flexitarian*) procede de la unión de los términos "flexible" + "vegetariano". Es una voz (palabra) nueva, no aceptada aún por la RAE[1] que apareció por primera vez en el año 2003.

El término se refiere a aquellas personas que basan su alimentación en una
5   dieta vegetariana, pero que de manera ocasional, por diversas razones, consumen algunos productos de origen animal: mariscos, pescados, aves y carnes.

El hecho de que este consumo no sea regular ni habitual, dentro de una dieta mayormente vegetariana, es lo que define a un flexitariano: no lo que come, sino la frecuencia con la que lo toma.

10   **Entonces un flexitariano… ¿es un vegetariano que come carne?**

No, en absoluto. Por definición, un vegetariano es aquella persona que excluye de su alimentación los productos de origen animal, aunque puede incluir aquellos que se obtienen de animales vivos, como miel, lácteos o huevos.

Por lo tanto, no podemos definir a un flexitariano como un tipo de vegetariano,
15   ni como un vegetariano flexible, porque no lo es. Si bien es cierto que su dieta se basa fundamentalmente en un tipo de alimentación vegetariana, el hecho de que consuma carnes o pescados, aunque sea de manera ocasional, lo excluye de este grupo.

Si es así, todos somos flexitarianos…

20   Tampoco es así. Para definir a una persona como flexitariana, su alimentación tiene que estar basada en una dieta vegetariana, y el consumo de productos de origen animal debe ser ocasional y excepcional. Este consumo ocasional es el que define el término.

Entonces es la frecuencia lo que define al flexitariano, no lo que come.

25   Exactamente. El consumo ocasional de alimentos de origen animal, dentro de una dieta habitual vegetariana, es lo que define a una persona flexitariana. No lo que consume, sino la frecuencia con la que lo hace.

Además, el flexitariano no tiene por qué consumir tanto carne como pescado. Puede optar, por ejemplo, por solo consumir pescado y evitar la carne.

---

[1]Real Academia Española

Vocabulario y comprensión

1. **Vocabulario**   Según el texto, ¿cuál es un antónimo del verbo "excluir" [línea 11]?

   A incluir

   B definir

   C evitar

   D consumir

2. **Composición y estructura**   Contesta las preguntas.

   Parte A: ¿Cuál es el estilo de este artículo?

   A Está escrito en primera persona.

   B Está escrito en forma de diálogo.

   C Está escrito en una voz formal.

   D Está escrito en forma de ensayo.

   Parte B: Escoge **dos** opciones apropiadas que indican por qué el autor usa esta técnica de escritura.

   A Quiere dar un tono informal y de conversación a la lectura.

   B Desea ser impersonal y formal para dar una definición precisa.

   C Desea crear un estilo de escritura único y diferente.

   D Quiere aclarar preguntas típicas sobre este tema.

3. **Ideas clave y detalles**   En el texto, el autor usa la expresión "de manera ocasional" [línea 5] para referirse al término "flexitariano". ¿Por qué enfatiza el autor la frase "de manera ocasional" en este contexto?

   A porque define lo que quiere decir flexitariano

   B porque quiere que el lector coma carne regularmente

   C porque quiere que el lector evite comer carne

   D porque propone una dieta muy estructurada

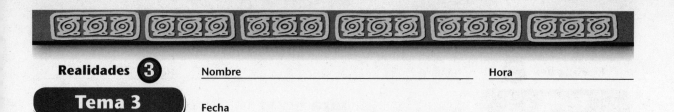

Vocabulario y comprensión (continuación)

4. **Ideas clave y detalles**   ¿Cuál es el propósito de este artículo?

   A inventar un nuevo tipo de alimentación

   B informar sobre un nuevo tipo de alimentación

   C criticar las modas alimenticias basadas en una dieta vegetariana

   D definir una nueva moda alimenticia según la RAE

5. **Ideas clave y detalles**   ¿Qué opción resume mejor la idea central de este artículo?

   A La persona flexitariana come los mismos alimentos que una persona vegetariana.

   B El flexitariano no incluye en su dieta ni carnes ni pescado.

   C El flexitariano consume vegetales principalmente y productos animales en moderación.

   D La persona flexitariana nunca consume productos de origen animal.

6. **Integración de conocimientos**   ¿Qué tienen en común la primera y la segunda lectura?

   A Hablan sobre modas alimenticias viejas.

   B Dan información sobre dietas para bajar de peso.

   C Dan información que puede ayudar a formar buenos hábitos alimenticios.

   D Explican cómo excluir todos los productos de origen animal.

La "ecodieta" es un nuevo hábito alimenticio

1 **M**uchos piensan que ser vegetariano, flexitariano, vegano, carnívoro, o tener una dieta baja en calorías son los únicos buenos hábitos alimenticios que

5 están de moda, pero no es así. La ecodieta, que se basa en el consumo de comida orgánica y en la agricultura sostenible (*sustainable*), se está convirtiendo en todo un fenómeno, porque es un hábito

10 alimenticio saludable que también tiene el beneficio de cuidar el medio ambiente.

Algunos definen la comida orgánica como aquellos alimentos que se producen en un ambiente natural. Es decir, la

15 producción de estos alimentos ecológicos no usa semillas (*seeds*) modificadas genéticamente, productos químicos, ni conservantes (*preservatives*). Debido a (*Since*) que la producción de la comida

20 orgánica no usa estos productos químicos, la tierra no se contamina con sus residuos (*residues*) y el medio ambiente se respeta.

El otro beneficio ambiental de la ecodieta son las prácticas de agricultura

25 y ganadería (*livestock farming*) sostenibles, porque consumen menos energía. En general, la agricultura ecológica produce alimentos frescos respetando las temporadas del año. Y con la ganadería

30 pasa lo mismo. Es decir, que bajo estas prácticas, solo se cultivan y se producen alimentos y animales de estación. Por el contrario, la industria de aves (*poultry*) tradicional no permite que las gallinas

35 (*hens*) tomen aire libre. Viven en jaulas (*cages*) dentro de edificios que usan mucha energía para mantener condiciones de temperatura perfectas para los animales.

La ecodieta se está convirtiendo en todo un fenómeno, porque es un hábito alimenticio saludable que también tiene el beneficio de cuidar el medio ambiente.

Los aspectos positivos ambientales

40 de la agricultura y ganadería ecológicas también benefician la salud de los humanos. Según estudios, el consumo de alimentos ecológicos puede ayudar con las alergias y las enfermedades graves, como

45 el cáncer. Además, algunas personas que han cambiado sus hábitos alimenticios por participar en estudios de dietas orgánicas reportan que, después de dos semanas de comer solo comida orgánica y ecológica,

50 se sienten menos débiles, ya no se caen de sueño, y notan que ya no están de mal humor. Es por esto que algunos médicos aconsejan a sus pacientes que cambien sus hábitos alimenticios y dejen de comer

55 comida procesada. Después de todo, uno de los beneficios principales de la comida ecológica es una vida más saludable.

Ecogranja en Andalucía, España

Vocabulario y comprensión

1. **Vocabulario**   Según el texto, ¿cuáles de las siguientes palabras **NO** se asocian con la comida "orgánica"? Escoge **dos** opciones.

   A natural

   B procesada

   C ecológica

   D conservante

2. **Vocabulario**   ¿Cuál es un sinónimo de la palabra "orgánica" que se usa en el texto?

   A ecológica

   B saludable

   C procesada

   D sostenible

3. **Ideas clave y detalles**   Escoge la opción apropiada que se menciona en el texto que explica por qué la dieta ecológica es buena para el medio ambiente.

   A Los alimentos contienen poca alteración genética.

   B Las personas que consumen alimentos ecológicos están de buen humor.

   C Las prácticas de cultivo reducen la contaminación de la tierra.

   D Los animales y los cultivos crecen en condiciones perfectas de temperatura.

4. **Ideas clave y detalles**   Según el texto, ¿qué se puede inferir sobre qué tipo de personas se beneficiaría (*would benefit*) por el cambio a una dieta ecológica?

   A personas a las que les gusta la comida basura

   B personas que necesitan más fibra

   C personas que sufren de enfermedades

   D personas que quieren bajar de peso

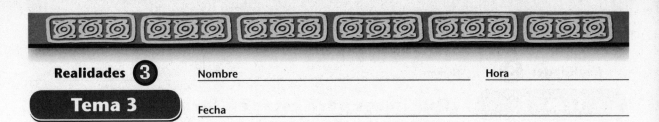

Vocabulario y comprensión (continuación)

5. **Ideas clave y detalles** Según la lectura, ¿qué resultados esperan tener las personas que siguen una dieta ecológica? Escoge **dos** opciones.

   A Quieren mejorar el medio ambiente.

   B Esperan tener una dieta baja en calorías.

   C Quieren cultivar en todas las temporadas.

   D Buscan sentir más energía.

6. **Ideas clave y detalles** ¿Cuál es la idea principal del artículo?

   A Hay muchas modas alimenticias como la ecodieta.

   B El medio ambiente es importante para una buena alimentación.

   C La alimentación es importante para la salud.

   D La ecodieta es buena para las personas y el planeta.

Nombre _____ Fecha _____

Tema 3 ¿Qué haces para estar en forma?: Integración de ideas

Escribir

Compara los tres modelos de alimentación que se presentan en las lecturas y contesta la pregunta: ¿Qué modelo de alimentación te parece más saludable: MiPlato, el del flexitariano o la dieta ecológica? Usa evidencia de las tres lecturas para apoyar tu punto de vista.

_____

_____

_____

_____

_____

_____

_____

Writing Task Rubric

	Score: 1 Does not meet expectations	Score: 3 Meets expectations	Score: 5 Exceeds expectations
Completion of task	Does not complete the task within context of the topic.	Partially completes the task within context of the topic.	Effectively completes the task within context of the topic.
Use of evidence	Student presents no evidence from the selections to support response.	Student presents evidence from only two selections to support response.	Student presents evidence from all three selections to support response.
Comprehensibility	Student's ideas are unclear and are difficult to understand.	Student's ideas are somewhat clear and coherent and fairly well understood.	Student's ideas are clear, coherent, and easily understood.
Language use	Very little variation of vocabulary use with many grammatical errors.	Limited usage of vocabulary with some grammatical errors.	Extended use of a variety of vocabulary with very few grammatical errors.
Fluency	Uses simple sentences or fragments.	Uses complete but simple sentences.	Uses a combination of simple and complex sentences.

Tema 3   ¿Qué haces para estar en forma?: Integración de ideas (continuación)

Hablar y escuchar

Prepara un cartel con seis consejos para promover un plan alimenticio saludable para la cafetería de tu escuela. Basa tus consejos en las lecturas y no te olvides de incluir opciones para diferentes tipos de hábitos alimenticios.

Presentational Speaking Task Rubric

	Score: 1 Does not meet expectations	Score: 3 Meets expectations	Score: 5 Exceeds expectations
Completion of task	Does not complete the task within context of the topic.	Partially completes the task within context of the topic.	Effectively completes the task within context of the topic.
Use of evidence	Student presents no evidence from the selections to support response.	Student presents evidence from only two selections to support response.	Student presents evidence from all three selections to support response.
Comprehensibility	Student's ideas are unclear and are difficult to understand.	Student's ideas are somewhat clear and coherent and fairly well understood.	Student's ideas are clear, coherent, and easily understood.
Language use	Very little variation of vocabulary use with many grammatical errors.	Limited usage of vocabulary with some grammatical errors.	Extended use of a variety of vocabulary with very few grammatical errors.

¿Cómo te llevas con los demás?: Lectura 1

Llevarse bien con los hermanos

1 Cuando en una casa hay más de un niño, es normal que surjan (*arise*) algunos problemas. Los hermanos suelen (*tend to*) tomarse cosas prestadas entre sí y no

5 siempre las devuelven en las mejores condiciones. Los hermanos pequeños a veces tienen la impresión de que sus hermanos mayores pueden hacer todo lo que quieren. Y los hermanos mayores

10 tienen la sensación de que el bebé de la casa es el centro de atención de la vida familiar. Estos son problemas típicos que afectan a hermanos de todas las edades y lugares del mundo.

15 Cuando los hermanos no se llevan bien, esto se denomina rivalidad entre hermanos. Rivalidad significa competencia. La competencia es algo normal, pero un exceso de competencia

20 puede hacer difícil la vida familiar. Hablemos pues de cómo puede uno llevarse lo mejor posible con su hermano o hermanos. En el fondo, tener hermanos no es tan malo, ¿no crees?

25 El monstruo de ojos verdes

¿Has oído hablar alguna vez del monstruo de ojos verdes llamado celos? A veces los hermanos tienen celos los unos de los otros. Por ejemplo, si tu hermana siempre

30 saca mejores notas en el colegio, puede ser frustrante para ti, especialmente si a ti no te van tan bien los estudios.

Todos los niños quieren que sus padres les presten atención, pero debes tener en

35 cuenta que, si tus padres tienen varios hijos, tendrán que prestarles atención a todos. No obstante, si te sientes ignorado o te parece que tu hermano siempre es el centro de atención de la vida familiar,

40 habla con tu madre o con tu padre. Si tus padres saben que tienes la sensación de que te dejan de lado (*leave you out*), juntos podréis (*will be able*) idear (*to plan*) formas de ayudarte a sentirte mejor.

45 No pierdas los estribos (*Don't lose control*)

A veces, cuando se tienen celos y se siente frustrado, es fácil perder los estribos. Intenta seguir estos consejos para evitar reñir con tu hermano o hermanos:

50 • Respira profundamente y piensa un poco. Intenta averiguar si estás enfadado con la persona o, simplemente, frustrado por la situación.

• Recuerda que tú tienes tus propias
55 cualidades y virtudes. Si tu hermana acaba de ganar un concurso de dibujo, tal vez a ti se te dé bien el baloncesto, las matemáticas o el canto. Marisa, de ocho años, dice que su hermano
60 "siempre gana en las carreras de velocidad, pero a mí siempre me ponen buenas notas por hacer bien los deberes y eso me ayuda a sentirme mejor".

• Haz un esfuerzo por felicitar a tus
65 hermanos por sus logros y alégrate con sus alegrías. Si haces eso por ellos, será más fácil que ellos lo hagan por ti.

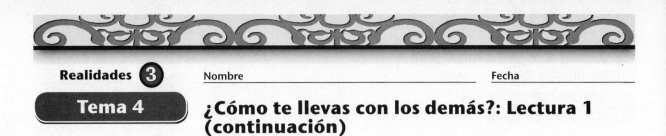

¿Cómo se pueden evitar las riñas?

Si tu hermano y tú discuten
70 frecuentemente e incluso llegan a las manos (*physical agression*), hablen con sus padres u otro adulto de confianza. Tal vez puedan arreglar las cosas hablando con un profesional, como un psicólogo, un
75 psiquiatra, un terapeuta o un trabajador social, que entienda vuestros (*your*) problemas de rivalidad.

Esto puede mejorar mucho las cosas, tal y como dijo un terapeuta familiar:
80 "A veces hablar sobre un problema es el paso más importante para solucionarlo. Es posible que tus padres no se hayan dado cuenta de cómo te sientes, y, cuando lo sepan, podrán introducir cambios
85 positivos para que vuelvas a sentirte incluido en la vida familiar".

Vocabulario y comprensión

1. **Vocabulario** La autora dice: "Si tu hermano y tú discuten frecuentemente e incluso llegan a las manos…" [líneas 69–71] En este contexto, ¿cuál es el significado del verbo "discutir"?

   A hablar

   B pelear

   C comunicar

   D llegar

2. **Vocabulario** Identifica la palabra que se da en el texto para referirse a las peleas o discusiones con los hermanos.

   A problemas

   B competencia

   C riñas

   D rivalidad

3. **Vocabulario** Identifica un sinónimo de la palabra "enfadado" [línea 52].

   A celoso

   B alegre

   C triste

   D enojado

4. **Ideas clave y detalles** La autora habla de las casas donde vive más de un niño. Según la lectura, ¿qué puede ocurrir en estas familias?

   A que exista solidaridad entre hermanos

   B que haya peleas entre hermanos

   C que los padres no se involucren con los hijos

   D que los padres y los terapeutas pierdan los estribos

Vocabulario y comprensión (continuación)

5. Ideas clave y detalles ¿Qué puedes inferir del texto acerca de las conductas de los hermanos en relación con las edades?

    A El mayor siempre tiene más privilegios.

    B Al menor le prestan más atención, especialmente si es un bebé.

    C El hermano del medio irá al psicólogo.

    D A cualquier edad un niño puede competir con sus hermanos.

6. Composición y estructura La autora utiliza varias expresiones idiomáticas para enfatizar los problemas entre hermanos. ¿Cuáles de las siguientes representa mejor el problema de la competencia? Elige **dos** opciones.

    A llegar a las manos

    B no pierdas los estribos

    C el monstruo de ojos verdes

    D ser el centro de atención

7. Composición y estructura ¿Cuál es el propósito de la autora en la sección "No pierdas los estribos"? Elige la opción más apropiada.

    A comparar lo malo que cada hermano tiene

    B dar recomendaciones para resolver los conflictos de forma pacífica

    C destacar (*highlight*) que cada persona tiene cualidades

    D dar recomendaciones sobre la competencia entre hermanos

Cómo resolver conflictos entre amigos

1 Los amigos son personas muy importantes en nuestra vida. Poseen cualidades que admiramos y generalmente tienen muchas cosas
5 en común con nosotros. En los años de escuela conocemos a una gran cantidad de personas; las vemos con frecuencia y compartimos con ellas muchas horas de estudio y diversión. Pero... ¿cuántos son
10 realmente amigos y cuántos solamente conocidos (*acquaintances*)?

Amistad significa un compromiso de ambas (*both*) partes. Significa compartir los momentos buenos y también los
15 malos. Los buenos amigos cumplen lo que prometen, guardan secretos y, sobre todo, siempre están dispuestos (*ready*) a ayudar y a escuchar. Los amigos de verdad respetan las ideas de sus amigos.

20 Sin embargo, como ocurre con todos los seres humanos, los amigos a veces se pelean y eso produce un gran malestar o intranquilidad. ¡Cómo se puede perder tanto tiempo de amistad por una
25 discusión! Debemos ser inteligentes y aprender a resolver los conflictos.

Cuando surjan problemas con tu mejor amigo, no se lo digas a todos ni lo publiques en Facebook. Tampoco lo
30 critiques ni cuentes cosas que te confió; recuerda que ser chismoso no te dará ningún beneficio. La mejor manera de reaccionar es estar tranquilo, pensar y enfrentar (*face*) el problema.

35 El diálogo es la mejor manera de aclarar (*clarify*) las cosas. No es suficiente poder hacerse amigos fácilmente; debemos conservar la amistad con las personas que queremos. Ante todo (*first of all*), siempre
40 debes ser sincero. Llama a tu amigo, muéstrate como eres (*be yourself*), pero no dejes de ser tolerante, comprensivo y honesto; no juegues con sus sentimientos. Hablen y traten de ponerse de acuerdo
45 para amigarse de nuevo. Así, la persona que quieres sabrá que es alguien importante para ti.

Después de todo, la amistad es el tesoro (*treasure*) más valioso (*valuable*).

Nombre _____ Hora _____

Fecha _____

Vocabulario y comprensión

1. **Vocabulario**   ¿Qué palabra o frase dentro del párrafo te da una idea del significado de "malestar" [línea 22]?

    A inteligente

    B intranquilidad

    C se pelean

    D discusión

2. **Vocabulario**   ¿Qué quiere decir la expresión "amigarse de nuevo" en el contexto de la lectura [línea 45]?

    A buscar otros amigos

    B tener un nuevo amigo

    C superar las diferencias y volver a ser amigos

    D hablar otra vez sobre la amistad

3. **Ideas clave y detalles**   El autor explica y analiza las peleas entre amigos. ¿Cuál es la oración que mejor resume su posición?

    A Pelearse con un amigo da la posibilidad de conocer a otras personas.

    B Los amigos que se pelean pierden su amistad para siempre.

    C Las peleas son normales entre los seres humanos.

    D Los conflictos entre amigos no se deben resolver en las redes sociales.

4. **Ideas clave y detalles**   ¿Cuál es el propósito principal del autor con esta lectura?

    A darse cuenta de que los amigos no siempre son honestos

    B recomendar formas de resolver diferencias entre amigos

    C insistir en mantener nuestro punto de vista

    D hablar sobre las cualidades de la amistad

Vocabulario y comprensión (continuación)

5. **Integración de conocimientos**   La lectura 1 se enfoca en la rivalidad y celos entre hermanos. La lectura 2 enfatiza los conflictos entre amigos. ¿Qué elementos en común encuentras en las dos lecturas? Elige **dos** opciones.

   A El diálogo es la mejor solución frente a cualquier conflicto.

   B La tolerancia es la característica principal de las personas que no pelean.

   C Las peleas entre hermanos y entre amigos provocan malestar.

   D Los padres deben intervenir en cualquier tipo de pelea.

Pelearse con hermanos o con amigos: ¿qué es peor?

1 Los estudios indican que las peleas provocan estrés y malestar general, más aún (*even more*) cuando discutimos con personas que queremos. ¿Con qué
5 frecuencia peleamos? Seguramente más de lo que deseamos. ¿Con quiénes lo hacemos? Con las personas que comparten muchas horas con nosotros, básicamente con nuestros hermanos y amigos.

10 Esta es la conclusión de un estudio reciente que analiza las diferencias entre las peleas de amigos y de hermanos. Sin embargo, según los resultados de la investigación, la frecuencia y los
15 efectos de las peleas son diferentes en cada caso. Los amigos y compañeros de escuela se pelean ocasionalmente y, por lo general, en un par de días el conflicto es olvidado (*forgotten*). Por otro lado,
20 los hermanos pelean casi todos los días y tardan mucho más en reconciliarse. Es más, los conflictos son tan frecuentes que antes de resolver sus diferencias ya se encuentran en una nueva discusión.

25 Es normal que los adolescentes estén en desacuerdo con los demás y sabemos que prácticamente no tienen tolerancia con nadie. Es parte de su desarrollo (*development*) como individuos. La
30 diferencia es que los conflictos entre amigos suelen afectar solamente a las personas que forman parte de la pelea; en cambio, los problemas entre hermanos afectan a toda la familia. Cada hermano lucha por
35 ganar territorio en el hogar y pelea para que los padres se pongan de su lado. Las frecuencias indicadas en la tabla sugieren que la situación es muy difícil, tanto para los hermanos como para los padres.

40 Elegimos a nuestros amigos y por eso podemos ser más comprensivos con ellos. A nuestros hermanos no los elegimos y a veces nos podemos sentir invadidos o atacados.

45 Los conflictos causados por la convivencia (*cohabitation*) y las relaciones personales son inevitables; el secreto es saber resolverlos. Frente a esta situación, los psicólogos indican que para todo
50 conflicto la mejor solución es el diálogo y la tolerancia. Y también afirman que los hermanos deben aprender a negociar y los padres deben ayudar a resolver los conflictos de sus hijos con tranquilidad,
55 aconsejándolos y deben evitar ponerse furiosos.

	PELEAS ENTRE HERMANOS	PELEAS ENTRE AMIGOS
Frecuencia	Cada 6 minutos aproximadamente	Cada 15 días
Duración del estrés	48 horas	24 horas

Fuente: Elaborado con información de la Universidad de California en Los Ángeles, *Asociaciones de reciprocidad entre la familia y los conflictos entre pares en la vida de los adolescentes.*

Vocabulario y comprensión

1. Vocabulario   Según la lectura, ¿qué quiere decir la palabra *invadidos* en la oración "A nuestros hermanos no los elegimos y a veces nos podemos sentir invadidos" [líneas 42–43]?

A Sentimos que los hermanos no respetan nuestro espacio privado.

B Observamos que nuestros hermanos nos pelean todo el tiempo.

C Nuestros hermanos quieren dormir en nuestra habitación.

D Nuestros hermanos deciden quién tiene la razón.

2. Composición y estructura   ¿Cuál es el propósito principal de la tabla en esta lectura?

A indicar que hay más peleas entre amigos en la escuela que entre hermanos en la familia

B mostrar el número de desacuerdos entre padres e hijos sobre los amigos

C mostrar diferencias en los conflictos entre hermanos y entre amigos

D comparar qué tipo de estrés causa las peleas entre amigos y entre hermanos

3. Composición y estructura   En el texto, el autor utiliza una estructura equilibrada para comparar las peleas de amigos y de hermanos. ¿Cuál es la observación del autor con respecto al tema?

A Todos los hermanos se pelean con sus padres.

B Es natural que los adolescentes se peleen en cualquier ambiente.

C Nunca nos peleamos con los amigos; sí con los hermanos.

D Nunca nos peleamos con los hermanos; a veces con los amigos.

4. Ideas clave y detalles   Según el autor, los profesionales recomiendan la participación de otras personas para resolver los conflictos entre hermanos. Escoge el grupo apropiado que se indica en la lectura.

A amigos que sean comprensivos y tolerantes

B otros hermanos o amigos que reduzcan la frecuencia de peleas a menos tiempo

C padres que se pongan furiosos

D padres que aconsejen a sus hijos

Vocabulario y comprensión (continuación)

5. **Ideas clave y detalles** Indica cuál es la idea central del texto considerando los datos de la tabla y la información del texto.

   A La frecuencia de las peleas entre amigos indica la cantidad de días que dura su amistad.

   B Si te peleas con dos amigos, no tendrás tiempo de pelearte con tu hermano.

   C Las peleas entre hermanos son más frecuentes y el estrés dura más tiempo que las peleas entre amigos.

   D Las peleas entre amigos son menos frecuentes pero el estrés dura más tiempo que las peleas entre hermanos.

Tema 4

¿Cómo te llevas con los demás?: Integración de ideas

Escribir

Escribe un informe que responda a esta pregunta: ¿De qué manera las peleas entre hermanos y entre amigos nos pueden ayudar a mejorar como personas? Usa evidencia de las tres lecturas y tu propia experiencia para apoyar tu posición.

_____

_____

_____

_____

_____

_____

_____

Writing Task Rubric

	Score: 1 Does not meet expectations	Score: 3 Meets expectations	Score: 5 Exceeds expectations
Completion of task	Does not complete the task within context of the topic.	Partially completes the task within context of the topic.	Effectively completes the task within context of the topic.
Use of evidence	Student presents no evidence from the selections to support response.	Student presents evidence from only two selections to support response.	Student presents evidence from all three selections to support response.
Comprehensibility	Student's ideas are unclear and are difficult to understand.	Student's ideas are somewhat clear and coherent and fairly well understood.	Student's ideas are clear, coherent, and easily understood.
Language use	Very little variation of vocabulary use with many grammatical errors.	Limited usage of vocabulary with some grammatical errors.	Extended use of a variety of vocabulary with very few grammatical errors.
Fluency	Uses simple sentences or fragments.	Uses complete but simple sentences.	Uses a combination of simple and complex sentences.

Tema 4   ¿Cómo te llevas con los demás?: Integración de ideas (continuación)

Hablar y escuchar

En grupos pequeños, hagan una encuesta entre tus compañeros. Pregúntenles cómo resuelven sus problemas con amigos y con hermanos. Consideren las situaciones, quiénes participan, la frecuencia y duración de las peleas, quiénes ayudan y cómo las solucionan. Anoten sus respuestas en una tabla para presentar a la clase. En su presentación, expliquen si los resultados de la encuesta apoyan o contradicen las ideas de las tres lecturas.

Presentational Speaking Task Rubric

	Score: 1 Does not meet expectations	Score: 3 Meets expectations	Score: 5 Exceeds expectations
Completion of task	Does not complete the task within context of the topic.	Partially completes the task within context of the topic.	Effectively completes the task within context of the topic.
Use of evidence	Student presents no evidence from the selections to support response.	Student presents evidence from only two selections to support response.	Student presents evidence from all three selections to support response.
Comprehensibility	Student's ideas are unclear and are difficult to understand.	Student's ideas are somewhat clear and coherent and fairly well understood.	Student's ideas are clear, coherent, and easily understood.
Language use	Very little variation of vocabulary use with many grammatical errors.	Limited usage of vocabulary with some grammatical errors.	Extended use of a variety of vocabulary with very few grammatical errors.

Anuncio clasificado

1 MAESTRO/A DE ESPAÑOL
Colegio Colombo Bilingüe necesita un/a maestro/a de español a tiempo completo para un puesto de secundaria. El candidato ideal también debe tener un interés en el tenis y en participar en equipos deportivos. Debe tener buenas destrezas de comunicación y
5 disponibilidad para trabajar los fines de semana para las actividades deportivas.
Requisitos indispensables:
- Experiencia mínima de 4 años
- Título universitario completo
- Bilingüe/nivel avanzado de español
10 - Conocimientos de computación
- Tres cartas de recomendación

Ofrecemos muy buen salario y buenos beneficios. Para completar la solicitud de empleo, aquellos interesados favor de enviar su carta de interés y una copia de su currículum por correo electrónico o fax al (979) 456-9087.

Vocabulario y comprensión

1. **Vocabulario** Según el contexto del clasificado, ¿quién tiene un "título universitario completo"?

    A una persona que entra en la universidad

    B una persona que estudia en la universidad

    C una persona que se graduó de la universidad

    D una persona que quiere ir a la universidad

2. **Vocabulario** Según el texto, ¿cuál de estas opciones **NO** es un requisito indispensable?

    A tener diploma de la secundaria

    B tres cartas de recomendación

    C más de 5 años de experiencia

    D conocimientos de computación

3. **Vocabulario** El texto dice que el/la candidato/a debe tener "disponibilidad para trabajar los fines de semana". Según la descripción, ¿qué se espera que haga el candidato los fines de semana?

    A preparar las clases de español

    B revisar la tarea

    C trabajar en actividades extracurriculares

    D usar sus conocimientos de computación

4. **Composición y estructura** Según el clasificado, ¿qué se puede inferir sobre el candidato ideal para el puesto de maestro/a?

    A Es una persona atlética.

    B No necesita saber usar tecnología.

    C Trabajó de maestro menos de cuatro años.

    D No es muy deportista.

Vocabulario y comprensión (continuación)

5. Ideas clave y detalles   ¿Quién sería un candidato ideal para esta posición?

    A una maestra de español de primaria con 10 años de experiencia

    B un joven de Colombia con experiencia en la enseñanza del tenis

    C una joven graduada de España que sabe computación

    D una profesora de español con mucha experiencia y que practica varios deportes regularmente

Currículum de Karen Díaz Manzanares

Datos personales

Nombre y apellidos: KAREN DÍAZ MANZANARES

Teléfono: (620) 913 8460

Lugar y fecha de nacimiento: Lima, Perú, 8 de abril de 1982

Correo electrónico: Karen.díazman@gmail.com

Formación académica

Máster de Enseñanza (*Teaching*) en Educación Secundaria,   2009–2010
    Facultad de Pedagogía, Universidad Autónoma de Lima

Licenciatura en Literatura, Universidad Nacional de Autónoma de Lima 2001–2005

Experiencia profesional docente

Colegio Sagrado Corazón   octubre 2007 – presente

Funciones: Maestra de Español e Historia en cursos de ESO y Bachillerato

Colegio Virgen del Remedio   febrero 2005 – junio 2007

Funciones: Monitora y coordinadora de actividades extracurriculares

Experiencia profesional no docente

Hotel Parque Central   2005–2006

Funciones: Reservas, atención al cliente, información turística

Guía-Arte SL   2003–2004

Funciones: Relaciones públicas, realización de rutas culturales y gastronómicas

Cursos y seminarios

El uso de nuevas tecnologías en la clase, 100 horas (UCLA). Año 2010

Técnicas de ayuda a estudiantes con dificultades en el español, 110 horas (Instituto Cervantes). Año 2010

Los Materiales Didácticos en el Aula, 35 horas (Instituto Cervantes). Año 2009

Idiomas extranjeros

Inglés: Nivel alto. *Certificate of English* (Boston University Extension)
Francés: Nivel medio.

Vocabulario y comprensión

1. **Vocabulario**   Vuelve a leer la sección "Formación académica". Según el texto, ¿cuál es un sinónimo de la palabra "formación" en este contexto?

   A educación

   B formalidad

   C pedagogía

   D funciones

2. **Vocabulario**   Vuelve a leer las secciones "Experiencia profesional docente" y "Experiencia profesional no docente". ¿Con qué se relaciona la palabra "docente" en el contexto de la lectura?

   A hacer tareas en la oficina de una escuela

   B practicar deportes

   C dar clases y hacer otras actividades escolares

   D trabajar en hoteles y asistir a clientes

3. **Vocabulario**   Contesta las preguntas.

   Parte A: Vuelve a leer la sección "Formación académica" y observa la palabra "licenciatura". ¿Qué palabra de esa sección **NO** te ayuda a entender su significado?

   A formación académica

   B máster

   C universidad

   D literatura

   Parte B: Identifica la definición apropiada de la palabra "licenciatura".

   A estudios de secundaria

   B estudios de primaria

   C estudios universitarios

   D estudios de posgrado

Vocabulario y comprensión (continuación)

4. **Composición y estructura**   ¿Cuál es el propósito de este tipo de texto (currículum)?

   A informar sobre la experiencia de vida y trabajo de una persona

   B contar una autobiografía en forma cronológica

   C informar sobre las aficiones y los pasatiempos de una persona

   D contar la vida y obra de una persona

5. **Composición y estructura**   Observa cómo está organizado y estructurado este texto en diferentes secciones y puntos. ¿Cuál es el propósito de organizar el currículum de esta forma?

   A presentar información con muchos detalles

   B presentar información en forma objetiva

   C presentar información personal en forma de narración

   D presentar información personal en un modo breve y claro

6. **Ideas clave y detalles**   Identifica qué tipo de trabajo le puede interesar más a Karen, según sus estudios y su experiencia de trabajo más reciente.

   A enseñar y trabajar en escuelas

   B trabajar en restaurantes

   C trabajar en agencias de viaje

   D dar cursos y seminarios

7. **Ideas clave y detalles**   Según la información que presenta Karen, ¿qué puedes inferir acerca de cuáles pueden ser algunos de sus pasatiempos? Escoge **dos** opciones.

   A mirar televisión y salir de compras

   B viajar y probar nuevos restaurantes

   C practicar deportes

   D aprender nuevos idiomas

Currículum de Brandon Perez

Brandon Perez

593 Rockaway Valley Road

Denver, CO 88012

teléfono: 720-919-0846

correo electrónico: branpe@gmail.com

OBJETIVO

Encontrar un puesto de maestro de español para educación primaria o secundaria

EXPERIENCIA DOCENTE

Eanes Middle School, Denver, CO   agosto 2011–presente

Maestro de Español de séptimo y octavo grado

• Desarrollar y diseñar actividades interactivas y virtuales para las clases de español

• Entrenar al equipo de tenis en el otoño y al equipo de fútbol en la primavera

• Colaborar en la organización del torneo de atletismo

• Coordinar la Feria de Comida Internacional de Estudiantes

Coast Redwood Bilingual School, Felton, California   agosto 2008–2011

Maestro de secundaria

• Enseñar Ciencias Sociales, Español, tenis, baloncesto y fútbol a estudiantes de séptimo y octavo grado

• Organizar excursiones escolares

• Organizar el torneo anual de vóleibol interescolar

EXPERIENCIA NO DOCENTE

Redwood Tenis Club, Felton, California   agosto 2008–2011

Instructor de tenis

• Dar clases de tenis a niños entre 6 y 16 años de nivel principiante, intermedio y avanzado

• Organizar torneo de fin de año

• Responsable de mantener el equipo

California Pizza Kitchen, Santa Cruz, California   septiembre 2004–junio 2005

• Preparar pizzas

EDUCACIÓN

Máster de Educación, University of California Los Ángeles — junio 2007

Bachelor of Arts, de Inglés y Español, University of California Santa Cruz — junio 2005

• Estudios en el extranjero: Salamanca, España — 2003–2004

IDIOMAS

Español: Nivel avanzado

Italiano: Nivel medio

DESTREZAS DE COMPUTACIÓN

Habilidad en los siguientes programas: Atlas Rubicon, Canvas, Promethean Interactive White Board, iWork, Microsoft Office. Experiencia con sistemas PC y Mac.

INTERESES

Profesionales: Desarrollo profesional y pedagógico, integración de tecnología en la clase

Personales: Tenis, ciclismo, yoga, tomar fotografías, escalar y viajar

Vocabulario y comprensión

1. **Vocabulario**   Vuelve a leer las secciones "Experiencia docente" y "Experiencia no docente". ¿Cuál de las siguientes expresiones usa el autor como un sinónimo de la palabra "enseñar"?

   A dar clases

   B diseñar actividades

   C organizar torneos

   D entrenar equipo

2. **Vocabulario**   Vuelve a leer la sección "Destrezas de computación". ¿Cuál de estas palabras te ayuda a entender el significado de la palabra "destrezas"?

   A experiencia

   B sistema

   C computación

   D habilidad

3. **Ideas clave y detalles**   Según la información personal, profesional y los estudios de este candidato, ¿qué se podría inferir acerca del origen de este candidato y su español?

   A Es de España y el español es su primer idioma.

   B Es estadounidense y el español es su segundo idioma.

   C Es de España y es completamente bilingüe en inglés y español.

   D Es de los Estados Unidos y no habla mucho español.

4. **Ideas clave y detalles**   Según la experiencia no docente y los intereses de Brandon, ¿cuáles pueden ser algunos de sus pasatiempos?

   A Le gusta quedarse en casa los fines de semana.

   B Le gusta escalar y ver películas.

   C Le gusta practicar deportes.

   D Le gusta cocinar y salir de compras.

Vocabulario y comprensión (continuación)

5. **Ideas clave y detalles**   Según la experiencia profesional de Brandon, ¿qué otros deportes además del tenis podría entrenar?

  A fútbol y baloncesto

  B baloncesto y vóleibol

  C atletismo y fútbol

  D vóleibol y ciclismo

6. **Integración de conocimientos**   Los currículum de las lecturas 2 y 3 muestran diferencias culturales entre los currículum del mundo hispano y los de los Estados Unidos. Según el orden de las secciones en cada uno, ¿qué se puede inferir acerca de la importancia que Brandon le da a la experiencia de trabajo a diferencia de Karen?

  A La experiencia es más importante que sus datos personales.

  B La experiencia vale más que los idiomas adicionales que habla.

  C La experiencia es más importante que la educación.

  D La experiencia es tan importante como la educación.

7. **Integración de conocimientos**   Identifica otra diferencia cultural entre los currículum del mundo hispano y los de los Estados Unidos, según los modelos de las lecturas 2 y 3.

  A Tienen algunas diferencias pero no son importantes ya que contienen la misma información.

  B En los países de habla hispana, los currículum no incluyen los cursos adicionales.

  C En los países de habla hispana, los currículum suelen incluir la foto del candidato/a.

  D En los Estados Unidos, los currículum no hacen referencia a los intereses personales.

Trabajo y comunidad: Integración de ideas

Escribir

Compara los currículum de las lecturas 2 y 3. Después, según tus observaciones, determina cuál de las dos personas está mejor preparada para el puesto de maestro que leíste en la lectura 1. Usa información del anuncio y de los dos currículum para apoyar tus ideas.

_____

_____

_____

_____

_____

_____

_____

Writing Task Rubric

	Score: 1 Does not meet expectations	Score: 3 Meets expectations	Score: 5 Exceeds expectations
Completion of task	Does not complete the task within context of the topic.	Partially completes the task within context of the topic.	Effectively completes the task within context of the topic.
Use of evidence	Student presents no evidence from the selections to support response.	Student presents evidence from only two selections to support response.	Student presents evidence from all three selections to support response.
Comprehensibility	Student's ideas are unclear and are difficult to understand.	Student's ideas are somewhat clear and coherent and fairly well understood.	Student's ideas are clear, coherent, and easily understood.
Language use	Very little variation of vocabulary use with many grammatical errors.	Limited usage of vocabulary with some grammatical errors.	Extended use of a variety of vocabulary with very few grammatical errors.
Fluency	Uses simple sentences or fragments.	Uses complete but simple sentences.	Uses a combination of simple and complex sentences.

Nombre _____ Fecha _____

Tema 5 **Trabajo y comunidad: Integración de ideas (continuación)**

Hablar y escuchar

Analiza las diferencias y similitudes de los currículum de estos dos candidatos. Escoge los elementos que crees que son buenos y luego úsalos para preparar tu propio currículum para enseñar inglés en una escuela en Uruguay. Después, preséntalo al resto de la clase y explica por qué elegiste ese modelo. Pon atención al estilo, contenido y organización que son apropiados para un currículum en el mundo hispano.

Presentational Speaking Task Rubric

	Score: 1 **Does not meet expectations**	Score: 3 **Meets expectations**	Score: 5 **Exceeds expectations**
Completion of task	Does not complete the task within context of the topic.	Partially completes the task within context of the topic.	Effectively completes the task within context of the topic.
Use of evidence	Student presents no evidence from the selections to support response.	Student presents evidence from only two selections to support response.	Student presents evidence from all three selections to support response.
Comprehensibility	Student's ideas are unclear and are difficult to understand.	Student's ideas are somewhat clear and coherent and fairly well understood.	Student's ideas are clear, coherent, and easily understood.
Language use	Very little variation of vocabulary use with many grammatical errors.	Limited usage of vocabulary with some grammatical errors.	Extended use of a variety of vocabulary with very few grammatical errors.

Tendencias: Las profesiones del futuro

1 ¿**H**as empezado a pensar qué vas a hacer cuando nos graduemos? ¿Cuáles serán los trabajos del futuro? ¿Crees que es posible predecir las profesiones del
5 futuro?

Un reportaje publicado en la BBC indica que en el futuro va a haber muchos trabajos interesantes y que para hacerlos hay que ser experto en varias disciplinas.
10 Por ejemplo:

- **Profesores virtuales** Cada año, más personas toman cursos por Internet. Para enseñar estos cursos es necesario tener profesores virtuales con buenos
15 conocimientos de computación y de educación.

- **Ingenieros y operadores de robots** En el futuro, vamos a necesitar más ingenieros que puedan diseñar
20 robots para trabajar en fábricas y en la casa. Estos ingenieros y los operadores de robots necesitan saber de computación y de máquinas.

- **Nanotécnico** La nanotecnología
25 es una nueva disciplina de vital importancia para el futuro. Los nanotécnicos manipulan las moléculas de los materiales para crear productos nuevos, como computadoras muy
30 pequeñas, medicinas miscroscópicas y virus que producen electricidad.

- **Policía del clima** ¿Te gustaría poner una multa a un país por "robar" una nube? En términos ambientales,
35 "robar" una nube es usar sustancias químicas para forzar la lluvia antes que los vientos se lleven la nube a otro país. En el futuro, los policías del clima combinarán el trabajo de policía
40 con las ciencias. Se ocuparán de ver si un país le "roba" las nubes a otro país para tener más agua.

- **Organizadores de desorden digital** Cada vez tenemos más y
45 más documentos y fotos digitales. ¿Te resulta difícil mantener todo ordenado y encontrar una foto o un documento digital cuando lo buscas? ¿Te gustaría que un profesional te lo
50 organice todo? Pues bien, en el futuro podrás contratar a un organizador del desorden digital, un profesional que sabrá de computación y también sabrá cómo ordenar tus documentos,
55 tus fotos digitales y todas tus cuentas (*accounts*) de Internet.

- **Agricultores verticales** En las ciudades grandes vamos a necesitar producir alimentos en edificios
60 altos, además de producirlos en el campo. Estos agricultores verticales necesitarán ser ingenieros y agricultores al mismo tiempo.

- **Guía de turistas al espacio** Estos
65 profesionales necesitan tener los conocimientos de un científico y saber cómo explicar claramente las ideas a los turistas que van de viaje por el espacio a otros planetas.

¿Qué nos traerá el futuro?: Lectura 1 (continuación)

70 Otro estudio hecho por la Universidad de Georgetown predice que muchas de las profesiones tradicionales que conocemos hoy día seguirán creciendo (*growing*) hasta el año 2020. Y que para obtener esos

75 trabajos es importante que estudiemos y nos graduemos de la universidad. Entre las profesiones que van a crecer más hasta el año 2020, están los ingenieros, los científicos, los profesionales de la salud,

80 los profesionales de servicios comunitarios y el personal de ayuda para cuidar la salud.

Para tener éxito en estos trabajos del futuro, habrá que entender bien lo que

85 piden los clientes. También será necesario que entendamos bien a nuestros futuros colegas (*colleagues*), poder explicar bien las cosas y trabajar bien en equipo. Este estudio indica que en todas las profesiones

90 del futuro será muy importante que tengamos buenas destrezas (*skills*) de comunicación. Y menciona que una educación universitaria será esencial para que podamos desarrollar esas destrezas de

95 comunicación profesional.

Gráfico: Frecuencia de uso de destrezas de comunicación en todos los trabajos

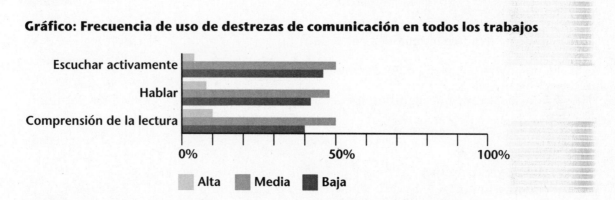

Fuente: Elaborado con información del Center on Education and the Workforce, Universidad de Georgetown.

Vocabulario y comprensión

1. **Vocabulario**   Contesta las preguntas.

   Parte A: Lee la frase: "los profesionales de servicios comunitarios y el personal de ayuda para cuidar la salud." [líneas 80–82] ¿Qué elementos del texto te ayudan a entender el significado de "personal" en este contexto? Escoge **dos** opciones.

   A "de ayuda para cuidar la salud"

   B "Entre las profesiones que van a crecer más"

   C "los profesionales de la salud, los profesionales de servicios comunitarios"

   D "es muy importante tener buenas destrezas de comunicación"

   Parte B: Identifica el significado de la palabra "personal" según las claves del contexto que identificaste en la parte A.

   A Significa "ayuda personal".

   B Es un adjetivo que se refiere a una persona sola.

   C Es un sustantivo que significa "personas que trabajan".

   D Significa "servicio personal".

2. **Composición y estructura**   ¿Por qué el autor dice que "en todas las profesiones del futuro será muy importante tener buenas destrezas de comunicación" [líneas 89–92]?

   A porque habrá que ser experto en varias disciplinas

   B porque será importante poder comprender y explicar bien las ideas y conceptos

   C porque los trabajos tradicionales seguirán creciendo

   D porque será importante tener una educación universitaria

3. **Composición y estructura**   En gran parte del artículo, la información se presenta en una serie de párrafos en forma de lista con viñetas (*bulleted list*) y títulos en negrita (*bold face*). ¿Por qué crees que el autor usó ese estilo?

   A Es una buena manera de llenar el espacio cuando un autor no tiene mucho que decir.

   B Es un estilo que está de moda y se usa mucho.

   C Es una manera eficiente de comunicar ejemplos relevantes y facilitar la lectura.

   D Es un estilo que permite poner más palabras en menos espacio.

Vocabulario y comprensión (continuación)

4. Ideas clave y detalles   Según el gráfico, ¿cuál de estas afirmaciones **NO** es correcta para las profesiones del futuro?

A Escuchar activamente es la destreza de comunicación de más alta frecuencia en los trabajos del futuro.

B Hablar es la destreza de comunicación de menor frecuencia para tener éxito en los trabajos futuros.

C Solo en menos del 10% de los trabajos del futuro no es frecuente tener buenas destrezas de comunicación.

D La buena comprensión de la lectura es casi tan importante como comunicarse bien al hablar.

5. Composición y estructura   Contesta las preguntas.

Parte A: Observa el estilo del artículo. ¿Qué detalle del texto te da una pista (*clue*) para decidir quién lo pudo haber escrito?

A El autor menciona un reportaje de la BBC y un estudio universitario, lo cual indica que el autor es un reportero de la BBC.

B El artículo dice que en la universidad se estudian las comunicaciones, lo cual indica que el autor es un profesor universitario.

C El uso de la primera persona en plural, como "cuando nos graduemos" en el primer párrafo, indica que el autor es un estudiante.

D El artículo dice que tenemos que ponernos a pensar, lo cual indica que lo escribió un maestro de escuela superior.

Parte B: Según tu respuesta en la parte A, ¿para quién pudo haber escrito el autor este texto?

A para lectores de periódicos

B para sus compañeros de trabajo

C para sus maestros

D para sus compañeros de clase

Gracias a los robots, ya no es necesario estudiar

1 Ya no es necesario ir a la universidad a estudiar. En el futuro no vamos a tener profesiones. ¡Los robots lo van a hacer todo!

5 En Estados Unidos y en México, hay ingenieros que son diseñadores de robots. Estos robots pueden hacer todo tipo de trabajos, desde trabajar en una fábrica hasta tocar el piano. Con estos robots,

10 no es necesario tener ni trabajadores de fábrica ni músicos. ¿Será posible esto? Hace poco leí un estudio hecho por científicos de la Universidad de Oxford. Ese estudio nos dice que el 47% de todos

15 los trabajos está "en riesgo" (*at risk*) de ser reemplazado por robots.

Muchos robots son máquinas redondas o cuadradas muy sofisticadas, programadas para hacer ciertos trabajos.

20 Pero también hay robots humanoides que tienen dos brazos, dos piernas y una cabeza. En el Japón, el ingeniero Hiroshi Kobayashi inventó un robot que es maestra de quinto grado. Kobayashi

25 dice que los robots no van a reemplazar a las maestras, y que esto es solo un experimento. Kobayashi añade que en las fábricas sí necesitamos robots porque no hay suficientes trabajadores.

30 Algunos robots pueden parecernos personas invisibles. Pero en realidad, están donde no los vemos. Por ejemplo, hay trenes robotizados en el metro de Nueva York y otras ciudades. Cuando te

35 subes al tren, no ves ningún conductor, pues el tren es operado por un robot a control remoto. Y para el año 2030, no nos hará falta tener permiso de manejar porque tendremos coches robotizados que

40 no necesitan conductor. ¿Se imaginan? Solo tendré que montar a mi coche, decirle adónde quiero ir, y el coche me llevará adonde yo quiera. Por eso, no vamos a necesitar taxis ni buses, ni gente que

45 los maneje. Los trabajos de taxista y de conductor de autobús y de tren van a desaparecer.

Hace poco, fui a los RoboGames, una competencia internacional de deportes

50 entre robots. RoboGames son como los Juegos Olímpicos, pero sin atletas humanos, solamente con robots. Los países que ganaron más medallas fueron Estados Unidos, México y Corea del

55 Sur. Fue increíble ver lo bien que los robots mexicanos jugaban al fútbol. Esto demuestra (*shows*) que los robots lo pueden hacer todo, ¡hasta jugar deportes!

Por eso yo recomiendo esto a todos mis

60 amigos: No pierdas tu tiempo estudiando para tener una profesión. Pronto, muy pronto, ¡los robots van a hacerlo todo!

Competencia de fútbol de robots

Vocabulario y comprensión

1. **Vocabulario**   Contesta las preguntas.

   Parte A: ¿Cuáles de estas frases tomadas del texto indican lo opuesto a "humanoide" [línea 20]? Indica **dos** opciones.

   A "son máquinas redondas o cuadradas muy sofisticadas"

   B "es maestra de quinto grado"

   C "están programadas para hacer ciertos trabajos"

   D "tienen dos brazos, dos piernas y una cabeza"

   Parte B: Según tu respuesta en la parte A, ¿qué significa la palabra "humanoide"? Escoge la opción apropiada.

   A que enseña a los humanos

   B que piensa como los humanos

   C que tiene forma humana

   D que no se parece a los humanos

2. **Ideas clave y detalles**   ¿Qué quiere decir el autor con que "algunos robots pueden parecernos personas invisibles" [líneas 30–31]?

   A que no están a la vista de las personas

   B que se pueden ver con poca claridad

   C que no existen

   D que se parecen a las personas

3. **Ideas clave y detalles**   Según la información que el autor presenta, ¿qué beneficio concreto tendrán los chicos del futuro?

   A Tendrán una maestra robot en el quinto grado.

   B Podrán jugar al fútbol contra robots en México.

   C No tendrán que obtener un permiso para manejar un coche.

   D Podrán estudiar piano con un robot maestro.

Vocabulario y comprensión (continuación)

4. **Ideas clave y detalles**   ¿Cuál de estas opciones resume mejor la idea central de este ensayo?

   A Los robots pueden jugar deportes, manejar carros y tocar el piano.

   B En el futuro, los robots se ocuparán de muchos trabajos y por eso no será necesario estudiar.

   C Hay robots muy sofisticados que se parecen a las personas y pueden ser maestras.

   D Es necesario estudiar mucho para que los robots no nos dejen sin trabajo.

5. **Composición y estructura**   ¿Qué tipos de fuentes y ejemplos usa el autor en su artículo para apoyar su opinión?

   A El autor consulta gran variedad de fuentes científicas.

   B El autor usa solamente fuentes de publicaciones universitarias.

   C El autor hace referencia a una investigación y un evento al que asistió.

   D El autor usa historias personales.

Tema 6

¿Qué nos traerá el futuro?: Integración de ideas

Escribir

Analiza las ideas y la evidencia presentada en cada lectura. ¿Cómo le contestarías al autor de la lectura 2 sobre los robots? ¿Crees que tiene razón o que está completamente equivocado? Escribe una carta de respuesta al autor de "Gracias a los robots, ya no es necesario estudiar" usando evidencia de las dos lecturas.

_____

_____

_____

_____

_____

_____

_____

Writing Task Rubric

	Score: 1 Does not meet expectations	Score: 3 Meets expectations	Score: 5 Exceeds expectations
Completion of task	Does not complete the task within context of the topic.	Partially completes the task within context of the topic.	Effectively completes the task within context of the topic.
Use of evidence	Student presents no evidence from either selection to support response.	Student presents evidence from only one selection to support response.	Student presents evidence from two selections to support response.
Comprehensibility	Student's ideas are unclear and are difficult to understand.	Student's ideas are somewhat clear and coherent and fairly well understood.	Student's ideas are clear, coherent, and easily understood.
Language use	Very little variation of vocabulary use with many grammatical errors.	Limited usage of vocabulary with some grammatical errors.	Extended use of a variety of vocabulary with very few grammatical errors.
Fluency	Uses simple sentences or fragments.	Uses complete but simple sentences.	Uses a combination of simple and complex sentences.

Realidades ❸   Nombre _____   Fecha _____

Tema 6   ¿Qué nos traerá el futuro?: Integración de ideas (continuación)

Hablar y escuchar

En grupos pequeños, preparen una presentación de cómo deben cambiar las escuelas para preparar a los estudiantes para las profesiones del futuro. Tomen como ejemplo lo que dicen estas dos lecturas sobre los trabajos del futuro.

Presentational Speaking Task Rubric

	Score: 1 Does not meet expectations	Score: 3 Meets expectations	Score: 5 Exceeds expectations
Completion of task	Does not complete the task within context of the topic.	Partially completes the task within context of the topic.	Effectively completes the task within context of the topic.
Use of evidence	Student presents no evidence from either selection to support response.	Student presents evidence from only one selection to support response.	Student presents evidence from two selections to support response.
Comprehensibility	Student's ideas are unclear and are difficult to understand.	Student's ideas are somewhat clear and coherent and fairly well understood.	Student's ideas are clear, coherent, and easily understood.
Language use	Very little variation of vocabulary use with many grammatical errors.	Limited usage of vocabulary with some grammatical errors.	Extended use of a variety of vocabulary with very few grammatical errors.

Tema 7 ¿Mito o realidad?: Lectura 1

El Señor de los Siete Colores *(leyenda mazateca, México)*

1 Cuentan que hace mucho tiempo el arcoíris era un señor muy pobre. Tan pobre que no tenía ropa que ponerse.

Su desnudez le apenaba mucho y 5 decidió un día buscar una solución, pero no se le ocurría nada:

—¿De dónde voy a sacar yo ropa?

Y se ponía aún más triste.

Un día brilló en el cielo un gran 10 relámpago, y decidió ir a visitarle.

—Tal vez él pueda ayudarme.

Así que se puso en camino y, después de varios días de viaje, llegó ante él.

Mientras le contaba sus penas, el 15 relámpago le miraba con tristeza y parecía estar pensativo.

Hasta que habló: —Grande es mi poder, pero no tanto como para darte ropa. Sin embargo, tu historia me ha conmovido y 20 por eso te voy a hacer un regalo. Te voy a dar siete colores. Con ellos podrás pintarte el cuerpo y vestirte para siempre. Además, aparecerás ante la gente después de las tempestades y anunciarás la llegada del 25 sol. La gente te querrá y te mirará con asombro.

Y así fue como, a partir de ese momento, al arcoíris se le llamó el Señor de los Siete Colores. Y, como me lo contaron, te lo 30 cuento.

Nombre _____   Hora _____

Fecha _____

Vocabulario y comprensión

1. **Vocabulario**   Contesta las preguntas.

   Parte A: ¿Cuál de las siguientes descripciones sobre el arcoíris **NO** es correcta?

   A No tiene ropa.

   B Tiene siete colores.

   C Aparece después de las tormentas.

   D Avisa cuando el sol se va.

   Parte B: Según tu respuesta en la parte A, ¿cuál de estas definiciones explica lo que es un arcoíris?

   A un arco de colores que aparece en el cielo después de que llueve

   B un brillo que aparece en el cielo antes de la lluvia

   C un arco de colores que aparece en el cielo mientras llueve

   D un brillo que aparece en el cielo durante las tormentas

2. **Vocabulario**   Contesta las preguntas.

   Parte A: ¿Qué palabras de la selección te ayudan a entender el significado de la palabra "relámpago"?

   A día / visitarle

   B brillo / cielo

   C gran / camino

   D viaje / penas

   Parte B: Según tu respuesta en la parte A, ¿cuál de estas definiciones explica lo que es un relámpago en el contexto de la leyenda?

   A un señor que ilumina el cielo

   B un señor que no tiene ropa

   C un señor que no tiene poder

   D un señor que viste muchos colores

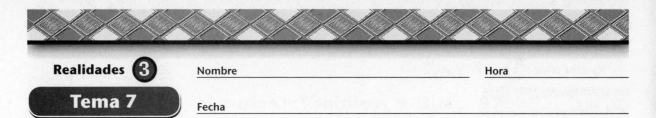

Vocabulario y comprensión (continuación)

3. Vocabulario En la leyenda el autor usa diferentes expresiones para describir cómo se siente el arcoíris. Identifica la opción que exprese un sentimiento similar a la expresión "le apenaba" en el contexto de esta lectura.

A Se siente triste.

B No le molesta.

C Está conmovido.

D Queda pensativo.

4. Ideas clave y detalles Contesta las preguntas.

Parte A: ¿Cuál es el problema central de esta leyenda?

A La gente tiene miedo del arcoíris.

B El relámpago no tiene poder.

C El arcoíris aparece después de las tormentas.

D Un señor pobre no tiene ropa.

Parte B: ¿Cómo se resuelve el problema de la parte A?

A El relámpago le da ropa al arcoíris.

B El arcoíris queda conmovido y asombrado.

C El relámpago transforma al hombre en arcoíris.

D El arcoíris se convierte en un hombre.

5. Ideas clave y detalles Según el relámpago, ¿por qué los humanos querrán al arcoíris?

A Les va a anunciar que habrá tormentas peligrosas.

B Les servirá como símbolo de pena.

C Les avisará que saldrá el sol después de una tormenta.

D Los va a conmover y a emocionar.

6. Ideas clave y detalles ¿Cuál es el propósito de esta leyenda?

A contar la vida del arcoíris

B explicar un fenómeno natural

C contar la historia de los siete colores

D explorar el arte y la pintura

Guanumby-Picaflor *(leyenda guaraní)*

1   Cuentan los ancianos que el gran Tupã es justo y bueno cuando justa
5   y buena es la intención de los hombres. Y la intención de Potí (po <u>ty</u>) y Guanumby (mai
10   num <u>by</u>) fue la más noble que existe en este mundo: amarse siempre y mucho, más allá del cielo y de la tierra, del tiempo y de la muerte, de la vida y de la humanidad.

Eran sus familias de tribus enemigas y
15   hacía tanto tiempo que se odiaban *(hated)* que ya nadie conocía la razón. Cuentan que Potí era bella. Bella como el alba *(dawn)* en primavera. Bella como el viento del atardecer que arrastra las hojas en otoño
20   y alivia a los hombres en el verano. Bella como el sol que acaricia *(caress)* los rostros y alumbra *(illuminates)* la sombra del invierno. A Guanumby no le costó enamorarse, y muy pronto Potí también lo amó.
25   Una y diez mil veces se encontraron más allá del monte blanco, bajo el sauce criollo *(willow tree)*, sin que nadie los viera. Pero un día la hermana de Potí sospechó. Sigilosa *(stealthily)*, la siguió hasta el
30   monte y descubrió el secreto. Y enseguida se lo confió a su padre.

Al día siguiente, como siempre, Guanumby cruzó el monte blanco y esperó bajo el sauce. Pero Potí no llegó.
35   Desesperado, se acercó a la aldea, a riesgo de que lo mataran.

Y encontró a Potí discutiendo fervorosamente con el cacique de su tribu:

—¡Jamás lo permitiré!— le gritaba él.

40   —¡Estoy enamorada de Guanumby! ¡Debes entenderlo, padre!

—¡Nunca! Por la mañana te casarás con uno de los nuestros, y esa es mi última palabra.

45   Entonces Guanumby salió de su escondite *(hidding place)*. Como si hubieran podido ensayarlo una y diez mil veces, gritaron al unísono *(in unison)*, ante el horror del cacique:

—¡Oh, gran Tupã, no lo permitas!

50   Cuentan los ancianos que jamás se vio en la tierra otro prodigio *(marvel)* igual. De pronto Potí y Guanumby vieron sus propios cuerpos, extrañados *(as from a distance)*, como si ya no les pertenecieran.
55   Potí se deshizo en *(turned into)* un tallo pequeño pero firme y su piel se fue volviendo suave como un terciopelo *(velvet)*: era una flor, una flor bellísima como ella misma lo había sido antes de
60   que el gran Tupã la transformara.

Guanumby, al mismo tiempo, se volvió ligero *(light)* como el aire: dos alas *(wings)* diminutas, casi transparentes y veloces lo mantuvieron en vuelo y, desesperado
65   por encontrar a Potí, se alejó torpemente *(stunned)* del lugar. Desde entonces la busca. Huele cada flor de cada monte de cada aldea. Besa con su pico las corolas *(petals)* más bellas con la secreta esperanza
70   de encontrarla. Cuentan que unos hombres lo vieron y quedaron extasiados *(captivated)* por el color de sus plumas *(feathers)* y la rapidez de sus movimientos.

"Picaflor" lo nombraron, porque una
75   y diez mil veces lo vieron escarbando *(probing)* con su pico el interior de las flores, ignorantes de que Guanumby solo busca los besos de su amada.

Vocabulario y comprensión

1. **Vocabulario**   Lee los dos últimos párrafos completos [61–78]. Según la descripción que se da en el texto y la imagen, ¿qué es un picaflor?

   A un pájaro

   B un insecto

   C un animal

   D una flor

2. **Vocabulario**   Lee el siguiente fragmento de la leyenda: "Y encontró a Potí discutiendo fervorosamente con el cacique de su tribu… y esa es mi última palabra". [líneas 37–44] Identifica la opción que mejor describe quién es el "cacique" de una tribu.

   A una persona de la tribu con autoridad

   B un dios de la tribu

   C un personaje extraño para la tribu

   D una persona anciana

3. **Ideas clave y detalles**   Contesta las preguntas.

   Parte A: ¿Cuál es el problema central de la leyenda?

   A El cacique odia a su hija.

   B Dos jóvenes de tribus enemigas quieren casarse.

   C El gran Tupã está enojado con las dos tribus.

   D La hermana de Potí está enamorada del novio de Potí.

   Parte B: ¿Cómo se resuelve el problema de la parte A?

   A El gran Tupã transforma a la hermana de Potí en flor.

   B El gran Tupã transforma al cacique en un pájaro pequeño.

   C El gran Tupã transforma a Potí en flor y a Guanumby en pájaro.

   D El gran Tupã transforma a la tribu en animales.

Vocabulario y comprensión (continuación)

4. Ideas clave y detalles   Según la leyenda, ¿qué se puede inferir sobre el gran Tupã?

   A Es el cacique de la aldea de Guanumby.

   B Es el padre de Potí.

   C Tiene poderes extraordinarios.

   D Es una persona de la tribu de Potí.

5. Ideas clave y detalles   ¿Qué aspecto de la naturaleza explica esta leyenda?

   A por qué las flores tienen aroma

   B por qué los picaflores siempre van de una flor a otra

   C por qué las mujeres no se deben casar con personas extrañas

   D por qué existen los besos

6. Ideas clave y detalles   ¿Qué es lo que trata de enseñar esta leyenda?

   A que los padres deben controlar a sus hijos

   B que los jóvenes no deben esconderse

   C que el amor es noble y no cambia

   D que no hay justicia para las malas intenciones

7. Integración de conocimientos   Según la lectura 1 y la lectura 2, ¿qué tienen en común el arcoíris, Potí, y Guanumby?

   A Pidieron la ayuda de figuras poderosas.

   B Querían tener muchas posesiones.

   C Fueron castigados por sus intenciones.

   D Pidieron ayuda a sus padres.

Realidades 3 Nombre _____ Fecha _____

Tema 7 ¿Mito o realidad?: Lectura 3

El girasol *(leyenda guaraní)*

1 **P**irayú y Mandió eran jefes de distintas tribus indígenas: vivían a los dos lados del río
Paraná. Sus pueblos intercambiaban productos de artesanías, compartían las tierras
para caza y pesca *(hunting and fishing)* y celebraban fiestas juntos.

Un día Mandió sugirió a Pirayú que unificaran sus tribus por medio del matrimonio:

5 —Dame a tu hija, Pirayú, y nuestros pueblos se unirán para siempre— expresó.

Pirayú le contestó:

—Eso es imposible, Mandió. Mi hija Caranda-i (palmera) no quiere casarse con nadie
porque está enamorada del dios Sol. Desde pequeña, pasa horas mirándolo, y parece que
no puede vivir sin él porque cuando los días son nublados se pone muy triste. No puedo

10 casarla contigo.

Mandió se enojó:

—¡Pirayú, nunca olvidaré esto!— Pirayú se preocupó porque se dio cuenta de que su
pueblo estaba en peligro.

Pasaron varias lunas y no ocurrió nada. Después, una tarde en que Caranda-i se había

15 alejado con su canoa para contemplar libremente al Sol ponerse sobre el río, vio que un
fuego se extendía por su aldea. Alarmada, se dirigió rápidamente hacia
la orilla y trató de bajarse de su canoa. Pero, en ese momento, Mandió la atrapó y
le dijo:

—¡Ahora sí te casarás conmigo!— Su risa cruel hizo que la princesa le rezara *(prayed)* a

20 su dios mientras trataba de liberarse:

—¡Oh, Guarahjí (Sol), no permitas que Mandió triunfe!

Y el dios de los Potentes Rayos, el Guarahjí de los guaraníes, la escuchó. Envió un
huracán de poderosos rayos de sol que la envolvieron y la hicieron desaparecer ante el
miedo de Mandió. Cuando

25 pasó el fenómeno, nació una
planta alta y delgada con una
flor circular hermosa y muy
grande. Sus pétalos de oro
seguían el curso del Sol en el

30 cielo, al igual que Caranda-i
lo hacía antes de que Mandió
quemara la aldea.

Según cuentan los guaraníes,
así fue cómo nació el girasol.

Reading, Writing, and Speaking Skills Practice, Volume 2

Vocabulario y comprensión

1. **Vocabulario** Contesta las preguntas.

   Parte A: ¿Qué información del texto te ayuda a entender lo que quiere decir la palabra "girasol"? Escoge **dos** opciones.

   A "planta alta y delgada"

   B "la hicieron desaparecer"

   C "flor circular hermosa y grande"

   D "rayos de sol que la envolvieron"

   Parte B: Según la respuesta en la parte A, identifica la definición correcta de la palabra "girasol".

   A un tipo de planta con una flor amarilla grande

   B un tipo de árbol con muchas hojas verdes

   C un tipo de planta con muchas flores multicolores

   D un tipo de animal con piel amarilla

2. **Vocabulario** La leyenda cuenta que Caranda-i pasaba muchas horas mirando al sol. Identifica un sinónimo del verbo "mirar" que el autor utiliza en el contexto de esta lectura.

   A contemplar

   B estar enamorada

   C dirigirse

   D seguir

3. **Composición y estructura** ¿Por qué usa el autor la metáfora "varias lunas" [línea 14]?

   A para contrastar la luna y el sol

   B para definir una palabra en guaraní

   C para expresar poéticamente el paso del tiempo

   D para indicar que Pirayú estudia el sol y la luna

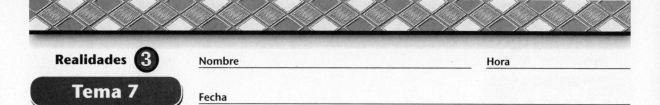

Vocabulario y comprensión (continuación)

4. **Ideas clave y detalles**   Contesta las preguntas.

   Parte A: ¿Cuál es el problema central de la leyenda?

   A Caranda-i no se quiere casar con Mandió.

   B Mandió no se quiere casar con Caranda-i.

   C Caranda-i está casada con otro hombre.

   D Mandió quemó la aldea de Caranda-i.

   Parte B: ¿Cómo se resuelve el problema de la parte A?

   A Mandió quemó la aldea.

   B Guarahjí envió un huracán de rayos.

   C Guarahjí transformó a Caranda-i en flor.

   D Mandió se casó con Caranda-i.

5. **Ideas clave y detalles**   ¿Qué aspectos de la cultura guaraní describe esta leyenda? Escoge **dos** opciones.

   A Ilustra la relación de la cultura guaraní con sus dioses.

   B Explica cómo se originaron los rayos del sol.

   C Presenta un mito sobre cómo nació una planta.

   D Nos cuenta cómo nació una tribu indígena.

6. **Integración de conocimientos**   ¿Qué tienen en común los personajes femeninos de las leyendas dos y tres?

   A Se transforman en animales.

   B Se transforman en plantas.

   C Se transforman en pájaros.

   D Se transforman en objetos.

Vocabulario y comprensión (continuación)

7. **Integración de conocimientos**   Considerando las tres historias que leíste, ¿cuál es el propósito principal de una leyenda?

   A contar la historia de una tribu

   B explicar aspectos del mundo natural

   C informar sobre la historia de pueblos nativos

   D enseñar sobre la biología humana

Tema 7   ¿Mito o realidad?: Integración de ideas

Escribir

Analiza cómo los humanos interactúan (*interact*) con la naturaleza y sus dioses en estas tres leyendas. Explica cómo las tres leyendas son similares y diferentes con respecto al modo en que ellos se relacionan.

_____

_____

_____

_____

_____

_____

_____

Writing Task Rubric

	Score: 1 **Does not meet expectations**	Score: 3 **Meets expectations**	Score: 5 **Exceeds expectations**
Completion of task	Does not complete the task within context of the topic.	Partially completes the task within context of the topic.	Effectively completes the task within context of the topic.
Use of evidence	Student presents no evidence from either selection to support response.	Student presents evidence from only two selections to support response.	Student presents evidence from all selections to support response.
Comprehensibility	Student's ideas are unclear and are difficult to understand.	Student's ideas are somewhat clear and coherent and fairly well understood.	Student's ideas are clear, coherent, and easily understood.
Language use	Very little variation of vocabulary use with many grammatical errors.	Limited usage of vocabulary with some grammatical errors.	Extended use of a variety of vocabulary with very few grammatical errors.
Fluency	Uses simple sentences or fragments.	Uses complete but simple sentences.	Uses a combination of simple and complex sentences.

Realidades 3

Nombre _____

Fecha _____

Tema 7

Mito o realidad: Integración de ideas (continuación)

Hablar y escuchar

Lee la siguiente definición de lo que es una leyenda. Después, comenta con tus compañeros si estás de acuerdo o no con esta definición. Apoya tu opinión con ejemplos de las tres leyendas.

> *Las leyendas son narraciones sobre los fenómenos naturales que mezclan la realidad y la fantasía. Explican de manera simple los misterios de la creación y del universo. Estos cuentos forman parte de la cultura y las creencias de un grupo de personas y se transmiten de generación a generación.*

Presentational Speaking Task Rubric

	Score: 1 Does not meet expectations	Score: 3 Meets expectations	Score: 5 Exceeds expectations
Completion of task	Does not complete the task within context of the topic.	Partially completes the task within context of the topic.	Effectively completes the task within context of the topic.
Use of evidence	Student presents no evidence from either selection to support response.	Student presents evidence from only two selections to support response.	Student presents evidence from all selections to support response.
Comprehensibility	Student's ideas are unclear and are difficult to understand.	Student's ideas are somewhat clear and coherent and fairly well understood.	Student's ideas are clear, coherent, and easily understood.
Language use	Very little variation of vocabulary use with many grammatical errors.	Limited usage of vocabulary with some grammatical errors.	Extended use of a variety of vocabulary with very few grammatical errors.

Tema 8 · Encuentro entre culturas: Lectura 1

Tradiciones milenarias en la comida peruana

1 La cocina de América Latina se caracteriza principalmente por ser una mezcla de comida nativa con comida española, resultado de un proceso que
5 comienza en la época de la colonia. Sin embargo, la influencia culinaria en Perú ha llegado de todas partes del mundo y esto es evidente en los extraordinarios platos que se comen allí. Por ejemplo,
10 es típico el ceviche, un riquísimo cóctel de pescado crudo con limón, de origen indígena con influencias españolas y hasta japonesas. Se condimenta con ají picante (*hot pepper*). El ceviche es un
15 ejemplo de la evolución que han sufrido algunos platos peruanos debido al aporte de distintos grupos étnicos que se establecieron allí.

El poeta peruano Rodolfo Hinostroza
20 dijo: "Una de las mesas más lujosas de América Latina es la peruana... la más importante de la costa del Pacífico. Sobre todo en lo que se refiere a pescados y mariscos, que son la gran revolución de
25 la cocina peruana... La corriente fría... lleva un plancton muy nutritivo que hace que los peces ahí sean inmensos, gordos, grasosos, un alimento delicioso lo mismo que los mariscos".
30 Los peruanos también utilizan mucha carne y vísceras (*organ meats*) de las vacas, tradición adoptada de la cultura africana que llegó al país. La preparación de esa carne con condimentos regionales dio
35 origen al anticucho, un plato conocido internacionalmente.

El jengibre (*ginger*) es muy común y los peruanos le agradecen a la inmigración china por ese legado (*legacy*). También
40 encontramos la presencia oriental en una variedad de sopas y guisos (*stews*) al estilo chino pero hechos con ingredientes peruanos.

Los italianos también están presentes
45 con sus pastas, al igual que los franceses con su pan. Todas estas delicias (*delicacies*) se mezclan con productos nativos de Perú, muy variados por la riqueza geográfica de este país.
50 Del propio Perú se utilizan tubérculos, como la papa, y condimentos picantes, que crecen en la sierra, y que eran los alimentos básicos de los indígenas. También se come carne de alpaca, un
55 animal de la cordillera de los Andes. En todos los casos, los peruanos han sabido transformar comidas milenarias y otras no tan antiguas en platos típicos criollos (*of Amerindian and Spanish origin*). Podríamos
60 decir que en Perú hay comidas de cuatro continentes con un sabor definitivamente peruano.

Ceviche, una auténtica delicia peruana

Nombre _____   Hora _____

Fecha _____

Vocabulario y comprensión

1. **Vocabulario**   Lee la oración: "El ceviche es un ejemplo de la evolución que han sufrido algunos platos peruanos debido al aporte de distintos grupos étnicos que se establecieron allí." [líneas 14–18] ¿Que quiere decir "sufrir" en este contexto?

    A sentir un dolor físico

    B sentir un dolor emocional

    C tolerar

    D experimentar un cambio

2. **Vocabulario**   La cita del poeta peruano dice: "Una de las mesas más lujosas de América Latina es la peruana". [líneas 20–21] ¿Cuál es el significado de "mesa" en este contexto?

    A Se refiere al mueble donde las personas se sientan a comer.

    B Indica que los peruanos preparan mesas muy lujosas para el resto del mundo.

    C Se refiere a las comidas del Perú.

    D Indica que los peruanos comen en la cocina.

3. **Vocabulario**   En la lectura aparece la palabra "tubérculos" [línea 50]. Lee el párrafo completo y contesta las preguntas.

    Parte A: Según el contexto, ¿qué palabra te ayuda a entender el significado de "tubérculo"?

    A papa

    B condimentos

    C carne

    D alpaca

    Parte B: Según tu respuesta en la parte A, ¿cómo se podría definir la palabra "tubérculo"?

    A tipo de alimento que crece en el mar

    B tipo de alimento que crece únicamente en la sierra

    C tipo de alimento que crece debajo de la tierra

    D tipo de alimento que únicamente comen los indígenas

Vocabulario y comprensión (continuación)

4. **Composición y estructura**   El autor incluye una cita de Rodolfo Hinostroza. ¿Cuál es la importancia de esta cita en el texto?

   A Explica cómo las características geográficas influyen en las comidas peruanas.

   B Destaca que Perú tiene los mejores platos del mundo.

   C Relaciona la temperatura del país con el modo de preparación de las comidas.

   D Compara las aguas del Pacífico con las aguas de Japón.

5. **Ideas clave y detalles**   ¿Qué puedes inferir con respecto al plato llamado anticucho?

   A Los africanos se sorprendieron al ver que los peruanos lo preparaban de igual manera.

   B Hay muchísimos inmigrantes peruanos en África.

   C A los africanos les encantan los condimentos peruanos.

   D Antes de la llegada de los africanos, en Perú no se comían vísceras de animal.

6. **Composición y estructura**   Analiza el uso de la palabra "milenarias" [línea 57] en el último párrafo y contesta las preguntas.

   Parte A: Identifica la palabra o expresión en este párrafo que es el significado opuesto de "milenarias".

   A "picantes"

   B "no tan antiguas"

   C "básicas"

   D "típicos criollos"

   Parte B: ¿Por qué el autor usa la palabra "milenarias" para referirse a la comida peruana?

   A Quiere mostrar que la comida indígena se come con frecuencia.

   B Indica que las comidas peruanas modernas cuestan miles de dólares.

   C Quiere demostrar que los orígenes de la cocina peruana son antiguos.

   D Se refiere a las comidas que trajeron los militares españoles a Perú.

Vocabulario y comprensión (continuación)

7. **Ideas clave y detalles**   Según las influencias culinarias que menciona el autor, ¿cómo se puede definir la cocina peruana en general?

   A Es prácticamente igual a la comida africana.

   B Tiene influencia principalmente española.

   C Se basa en los productos naturales de la región andina.

   D Presenta una gran influencia de varias culturas.

Encuentro entre culturas: Lectura 2

Delicias del mundo en la cocina argentina

1 La mayor parte de la población de Argentina es de ascendencia europea. Observamos esta característica en la apariencia física de las personas, en la
5 arquitectura y, por supuesto, en las comidas. En Argentina, la comida italiana es tan popular como en Estados Unidos, pues gran parte de la gente tiene parientes italianos que inmigraron a fines del siglo
10 XIX. Por otro lado, muchos de los exquisitos platos españoles también son comida corriente en Argentina, ya que otro grupo mayoritario de sus habitantes proviene de España. Por esta razón, no es extraño
15 que los domingos la familia se reúna para comer pasta italiana, mezclada con la deliciosa carne de res argentina, o callos a la madrileña (*Madrid-style tripe*), también llamado "mondongo", acompañado de
20 chorizo colorado (*hot sausage*) regional.

Sin embargo, en Argentina no todo es europeo. Las tradiciones y sus sabores llegan también de otras partes del mundo. La comunidad árabe es muy importante en
25 todo el país y sus comidas siempre están presentes. A la hora de comer empanadas (*meat turnovers*), uno puede optar por las típicas empanadas argentinas al estilo de cada provincia, o saborear empanadas
30 árabes, que pueden ser abiertas o en forma de triángulo. Sean argentinas o árabes, siempre se hacen con carne argentina y condimentos gustosos (*tasty*). El arroz chino también tiene un lugar privilegiado entre
35 los argentinos, y es mucho más sabroso cuando lo preparan con azafrán (*saffron*), un condimento de herencia árabe que se cultiva en la provincia de Córdoba, Argentina.

En Argentina vive la comunidad judía
40 más grande de Latinoamérica, y gracias a esto, el *gefilte fish* y otros platos con arenque (*herring*), así como la ensalada de berenjena (*eggplant*), también forman parte del menú argentino.

45 Si hablamos de postres, se puede elegir entre el clásico *strudel* alemán, preparado con jugosas (*juicy*) manzanas de la provincia argentina de Río Negro, panqueques al estilo de las creps francesas, rellenos (*filled*) con el
50 clásico dulce de leche regional, que fue un invento argentino de la época colonial.

Y para que la charla entre amigos y familiares sea más agradable, después de las comidas se comparte un fuerte
55 café expreso al mejor estilo italiano o un delicioso té, tradición inglesa que se mantiene desde los tiempos de la colonia.

La cocina argentina no es sofisticada, pero tiene la fórmula perfecta que combina
60 el sabor autóctono de cada región con los secretos culinarios de otras culturas.

Típicas empanadas argentinas de carne

Realidades ③

Tema 8

Nombre _____ Hora _____

Fecha _____

Vocabulario y comprensión

1. **Vocabulario** Lee la frase: "los exquisitos platos españoles también son comida corriente en Argentina". [líneas 10–12] ¿Qué quiere decir la palabra "corriente" en este contexto?

   A Es común que los argentinos coman comidas de origen español.

   B Los argentinos tienen una apariencia física europea.

   C La mitad de los argentinos son descendientes de españoles.

   D La carne de res argentina es gustosa.

2. **Vocabulario** ¿Qué quiere decir la palabra "autóctono" [línea 60]?

   A antiguo, de muchos años atrás

   B extraño al lugar o región

   C nativo u original de un lugar

   D de origen europeo

3. **Composición y estructura** En el primer párrafo, el autor habla de Europa, en el segundo párrafo se enfoca en Asia, y el resto de la lectura lo dedica nuevamente a Europa. ¿Qué información de la lectura justifica esta organización?

   A El autor le da más valor a las comidas típicas que a las comidas exóticas.

   B Argentina tiene la mayor comunidad judía de Latinoamérica.

   C El sabor autóctono se mezcla mejor con los platos europeos.

   D La mayoría de los argentinos descienden de europeos.

4. **Composición y estructura** ¿Cuál es la intención del autor al dar detalles de los ingredientes de las comidas argentinas?

   A explicar que en el menú argentino no hay influencia africana

   B mostrar que en los platos argentinos hay una mezcla de alimentos regionales y extranjeros

   C indicar que el sabor argentino depende de los ingredientes europeos y asiáticos

   D promover los productos sudamericanos, especialmente los argentinos, en países extranjeros

Reading, Writing, and Speaking Skills Practice, Volume 2

Vocabulario y comprensión (continuación)

5. **Ideas clave y detalles**   El autor habla de las empanadas [líneas 26–33]. ¿Qué puedes inferir con respecto a los tipos de empanadas que se mencionan?

   A Las empanadas árabes y argentinas son totalmente distintas.

   B Hay diferentes formas de preparar empanadas.

   C En la actualidad, ambas empanadas se venden en restaurantes vegetarianos.

   D No hay explicación sobre la existencia de empanadas árabes en Argentina.

6. **Ideas clave y detalles**   ¿Cuál de las siguientes oraciones describe mejor la idea central de esta lectura?

   A Los argentinos fusionaron sus costumbres nativas con las de otros países.

   B La comida argentina es el resultado de la fusión de distintas culturas, principalmente las de países europeos.

   C La comida italiana es más popular en Argentina que la comida judía.

   D La influencia africana en la comida argentina no es tan importante como la española.

Estados Unidos: la gran fusión culinaria

1   Cuando hablamos de fusión cultural, ¿qué mejor ejemplo que los Estados
Unidos? Sabemos perfectamente que desde tiempos lejanos, Estados Unidos es
el hogar de inmigrantes de todos los continentes. La variedad de costumbres,
idiomas, música y tradiciones que observamos en nuestro país es el resultado del
5   intercambio entre muchísimos grupos y minorías étnicas durante tantos años. Por
supuesto, la alimentación que tenemos en Estados Unidos es el mejor ejemplo de
fusión culinaria.

¿Podríamos decir que un plato "americano" es el burrito? ¿O quizás los
fettuccine Alfredo? ¿A lo mejor un sándwich de falafel? ¿Y qué tal sushi o un jugo
10   de mango? Todos estos platos que podemos conseguir fácilmente en restaurantes,
supermercados y hasta en la cafetería de la escuela son la fusión perfecta de
tradiciones extranjeras con la cultura occidental anglosajona.

En muchos supermercados tenemos el sector "comidas étnicas", y allí
encontramos los rótulos (*labels*) que indican arroz de India, refrescos de Brasil
15   o mariscos del Mediterráneo. ¿Pero qué ocurre si vamos al sector de frutas y
verduras? Allí no hay rótulos específicos, pero hay bananas de Costa Rica y bok
choy de China. En el sector de infusiones, hay café de Colombia y de Arabia. En el
sector de comidas congeladas, hay fajitas, tacos y nachos. ¿Y de postre? Podemos
elegir helado de dulce de leche, flan o canolis. Por lo tanto, podríamos decir
20   entonces que desde México hasta Argentina, y desde España hasta Japón, casi todos
los países han puesto su granito de arena en la alimentación estadounidense.

Hasta el día de hoy, la variedad de comida en Estados Unidos sigue aumentando,
así como aumenta la inmigración. Hace diez años, el chipotle era prácticamente
desconocido aquí; hoy es un condimento utilizado en muchos platos, aunque no
25   sean platos de origen mexicano. ¿Has comido queso jalapeño *pepperjack*? Es un claro
ejemplo de la fusión suiza con la mexicana, que también forma parte de la fusión
con Estados Unidos, porque los clásicos *"cheesesteak"* de Filadelfia se comen con
este queso y chile poblano.

Los latinos ya son la primera minoría en Estados Unidos, por eso no es extraño
30   que TODOS hayamos probado alguna vez las ricas pupusas salvadoreñas, el
excelente asado argentino, o comidas con salsa pico de gallo o cilantro.

Encuentro entre culturas: Lectura 3 (continuación)

La verdad es que los estadounidenses tienen una gran variedad de posibilidades a la hora de comer. En Estados Unidos, comemos pastel de papa irlandés (*shepherd's pie*) con papas fritas y ketchup. Podemos pedir pan con ajo o pita con humus y aceitunas griegas. Las casas de carne nos sirven barbacoa con chimichurri, salsa típica argentina para acompañar las carnes. Para beber, refrescos estadounidenses o té chino. ¡Y hasta podemos tomar helado de mate!

Estados Unidos no es solo un crisol de razas, sino también un crisol de alimentos, herencia de los grupos étnicos que se establecieron en este país. Disfrutemos de este delicioso legado.

Vocabulario y comprensión

1. **Vocabulario** La expresión "poner su granito de arena" [línea 21] significa literalmente "to put their grain of sand". El autor la usa de manera clave en el tema de esta lectura. ¿Qué opción explica mejor lo que quiere decir esta expresión en este contexto?

    A La comida de los Estados Unidos es variada.

    B En los supermercados, hay una sección de comida étnica.

    C Estados Unidos es un país famoso por sus comidas.

    D Muchas culturas han contribuido a las comidas que se comen en los Estados Unidos.

2. **Vocabulario** Lee la frase: "Estados Unidos no es solo un crisol de razas, sino también un crisol de alimentos". [línea 38] ¿Cuál es el sinónimo apropiado para la palabra "crisol"?

    A mezcla

    B receta

    C división

    D inmigración

3. **Composición y estructura** En la lectura, el autor utiliza varias veces el tiempo condicional. En cada caso, su uso es importante para comprender la intención del autor.

    Parte A: ¿Con qué intención lo utiliza cuando dice: "¿Podríamos decir que un plato 'americano' es el burrito?" [línea 8]?

    A para preguntarle al lector (*reader*) si le gustan esos platos

    B para asegurar (*assure*) que el burrito es un plato del suroeste estadounidense

    C para invitar al lector a comer comida étnica, si tiene posibilidades

    D para cuestionar si, por ejemplo, los burritos son un plato mexicano o americano

    Parte B: Lee la oración que comienza con "Por lo tanto, podríamos decir entonces..." [líneas 19–21]. ¿Con qué propósito usa el tiempo condicional?

    A para explicar que en Estados Unidos no hay una alimentación apropiada

    B para preguntar si existe una relación entre la comida mexicana, argentina y española

    C para afirmar que muchos países influyen en la alimentación de los estadounidenses

    D para negar (*deny*) que existe influencia asiática en la comida de Estados Unidos

Vocabulario y comprensión (continuación)

4. **Ideas clave y detalles**   La lectura habla de grupos de minorías étnicas. ¿Cómo relaciona el autor la palabra "minoría" con la variedad de comidas que presenta?

   A Las minorías étnicas no son importantes en la alimentación de Estados Unidos.

   B La mayoría de los estadounidenses comen comida de minorías irlandesa e inglesa.

   C Las minorías étnicas son clave en la variedad de comidas en Estados Unidos.

   D La primera minoría étnica es la base de la alimentación de los estadounidenses.

5. **Integración de conocimientos**   Las tres lecturas que leíste se enfocan en el aporte cultural de diferentes grupos étnicos que fueron decisivos en la alimentación de tres países. Elige la opción apropiada que se aplica a las tres lecturas.

   A La cultura japonesa y la china determinan la forma de comer en Argentina.

   B La mayor influencia japonesa se observa en la comida de Estados Unidos.

   C Muchos de los "mejores sabores" de cada país son producto de la fusión de alimentos y tradiciones de distintas culturas.

   D Perú consume principalmente comidas indígenas y europeas.

Tema 8   **Encuentro entre culturas: Integración de ideas**

Escribir

Escribe un breve ensayo con tu opinión sobre cómo la comida ayuda a integrar diferentes culturas. Considera: ¿Nos gusta probar cosas nuevas? ¿Cómo reaccionamos a los ingredientes que no conocemos? ¿La comida étnica nos despierta el interés por aprender más de esa cultura? Usa evidencia de las lecturas y tu propia experiencia para apoyar tu posición.

_____

_____

_____

_____

_____

_____

_____

Writing Task Rubric

	Score: 1 Does not meet expectations	Score: 3 Meets expectations	Score: 5 Exceeds expectations
Completion of task	Does not complete the task within context of the topic.	Partially completes the task within context of the topic.	Effectively completes the task within context of the topic.
Use of evidence	Student presents no evidence from either selection to support response.	Student presents evidence from only two selections to support response.	Student presents evidence from all three selections to support response.
Comprehensibility	Student's ideas are unclear and are difficult to understand.	Student's ideas are somewhat clear and coherent and fairly well understood.	Student's ideas are clear, coherent, and easily understood.
Language use	Very little variation of vocabulary use with many grammatical errors.	Limited usage of vocabulary with some grammatical errors.	Extended use of a variety of vocabulary with very few grammatical errors.
Fluency	Uses simple sentences or fragments.	Uses complete but simple sentences.	Uses a combination of simple and complex sentences.

Tema 8
Encuentro entre culturas: Integración de ideas (continuación)

Hablar y escuchar

En pequeños grupos, van a preparar una encuesta para averiguar qué comidas de las lecturas son las más populares en la clase, con qué frecuencia se comen y dónde las comen. La encuesta debe contener una lista de diez comidas que se mencionan en las tres lecturas. Cuando presenten los resultados de la encuesta a la clase, indiquen cuáles son las influencias culturales más importantes que observan. Apoyen sus respuestas con información de las lecturas.

Presentational Speaking Task Rubric

	Score: 1 Does not meet expectations	Score: 3 Meets expectations	Score: 5 Exceeds expectations
Completion of task	Does not complete the task within context of the topic.	Partially completes the task within context of the topic.	Effectively completes the task within context of the topic.
Use of evidence	Student presents no evidence from either selection to support response.	Student presents evidence from only two selections to support response.	Student presents evidence from all three selections to support response.
Comprehensibility	Student's ideas are unclear and are difficult to understand.	Student's ideas are somewhat clear and coherent and fairly well understood.	Student's ideas are clear, coherent, and easily understood.
Language use	Very little variation of vocabulary use with many grammatical errors.	Limited usage of vocabulary with some grammatical errors.	Extended use of a variety of vocabulary with very few grammatical errors.

Realidades ③   Nombre _____   Fecha _____

Tema 9   Cuidemos nuestro planeta: Lectura 1

La Amazonía

1 *La Amazonía es una región única en el mundo definida por superlativos.*

Es una de las selvas tropicales más grandes del mundo. Comprende
5 (*comprises*) la selva tropical de la cuenca (*basin*) del río Amazonas. Tiene una extensión de aproximadamente 6.7 millones de km² (dos veces el tamaño de India) y su territorio incluye ocho
10 países: Brasil, Perú, Colombia, Ecuador, Bolivia, Venezuela, Suriname y Guyana.

Además, la región es una de las áreas más ricas en diversidad biológica del mundo. Se estima que la región contiene el 10% de la
15 biodiversidad que hasta hoy se conoce en el planeta; es decir que, una de cada diez especies —plantas y animales— conocidas en la Tierra habita en la Amazonía. De acuerdo con un informe de la Secretaría
20 ProTempore del Tratado de Cooperación Amazónica, la región cuenta con más de 2.000 especies vegetales identificadas como plantas con propósitos alimenticios y medicinales. Y según algunos estudios se
25 cree que las comunidades indígenas que allí habitan usan alrededor de 1.600 especies de plantas medicinales para curar diversas enfermedades.

"La Amazonía es una región única en el mundo definida por superlativos".

En la actualidad, la inmensa riqueza
30 natural de la Amazonía presenta grandes retos para la humanidad. Pues, esta región, que juega un papel fundamental en la regulación del dióxido de carbono en el planeta, se está viendo seriamente
35 amenazada por la deforestación y la explotación excesiva de los recursos naturales, como la caza, la pesca y la extracción de petróleo.

Hoy día, son muchos los grupos de
40 conservación ambiental y los científicos que intentan promover un mejor cuidado ambiental de esta región.

Tema 9 — Cuidemos nuestro planeta: Lectura 1 (continuación)

Gráfico 1: Número de especies vegetales registradas en la Amazonía

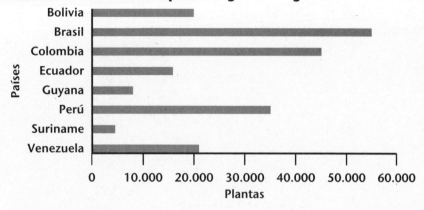

Gráfico 2: Número de especies animales registradas en la Amazonía
(incluye mamíferos, aves, reptiles y anfibios)

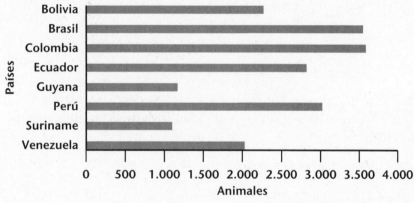

Fuente: Elaborado con información del Instituto de Recursos Biológicos Alexander von Humboldt, Colombia.

Vocabulario y comprensión

1. **Vocabulario**   Identifica **dos** palabras que se dan en el texto para referirse a nuestro planeta.

    A mundo

    B territorio

    C región

    D Tierra

2. **Vocabulario**   Identifica un sinónimo de "promover" [línea 41].

    A fomentar

    B agotar

    C atrapar

    D derretir

3. **Estructura y composición**   ¿Por qué dice el autor que la Amazonía es "una región única en el mundo definida por superlativos" [líneas 1–2]? Identifica **dos** ejemplos que menciona el autor para apoyar esta idea.

    A porque muchos grupos quieren cuidar la región

    B porque es una de las áreas más ricas en diversidad biológica del mundo

    C porque hay mucha explotación de los recursos naturales

    D porque la selva es muy grande e incluye a ocho países

Vocabulario y comprensión (continuación)

4. Ideas clave y detalles   Contesta las preguntas.

Parte A: Según los dos gráficos, ¿qué país tiene la mayor biodiversidad de especies en total?

   A Bolivia

   B Ecuador

   C Brasil

   D Venezuela

Parte B: ¿De qué manera apoyan los gráficos la idea central del texto?

   A Dan evidencia de la gran variedad de especies que allí existe.

   B Explican el gran tamaño de la selva.

   C Muestran que la biodiversidad puede curar enfermedades.

   D Indican que unos países tienen más diversidad que otros.

5. Ideas clave y detalles   Según el texto, ¿qué se puede inferir acerca del valor de las plantas de la Amazonía para la comunidad científica en general?

   A Permiten conocer a las comunidades indígenas que las usan.

   B Ofrecen la oportunidad de encontrar curas a nuevas enfermedades.

   C Dan información sobre los niveles de deforestación de la región.

   D Son muy importantes para sus trabajos de investigación.

Ecuador: ¿petróleo vs. conservación?

Max Seitz
BBC Mundo, enviado especial al Parque Nacional Yasuní, Ecuador

1 En la Amazonia[1] de Ecuador, en el oriente del país, las necesidades económicas y de protección ambiental parecen contradecirse.

El lugar donde esta contraposición de intereses resulta más pronunciada es el Parque Nacional Yasuní, un territorio de 982.000 hectáreas ubicado a unos 300 kilómetros al este de Quito.

Se trata del área protegida más grande del Ecuador continental y ha sido declarada por la UNESCO como Reserva de la Biosfera. Posee la mayor biodiversidad del mundo, según los científicos del lugar, y es el hogar de la comunidad indígena huaorani.

2 Riqueza doble, peligro latente
Pero en este parque nacional también se encuentran los mayores yacimientos (*fields*) de crudo de Ecuador. Actualmente, el 60% de su superficie está ocupada por empresas petroleras, con sus campos, oleoductos (*oil pipelines*), carreteras y asentamientos (*settlements*) humanos.

Esta "colonización" se inició a comienzos de los años 70, cuando el Estado les cedió [dio] a las compañías varios bloques [partes] dentro de lo que hoy es un área protegida.

Como el Parque Nacional Yasuní fue creado posteriormente, en 1979, las petroleras defienden su presencia con el argumento —cuestionado por los ambientalistas— de que llegaron antes y tienen derecho (*have the right*) a quedarse.

Sin embargo, la destrucción del bosque tropical para hacer lugar a (*make room for*) la infraestructura petrolera, los residuos de las operaciones y los frecuentes derrames de crudo han preocupado tanto al Gobierno como a los científicos.

---

[1] "Amazonia" sin acento es una variante ortográfica aceptada de "Amazonía".

3 Economía

25   El director del Parque Nacional Yasuní, Alonso Jaramillo, admitió a BBC Mundo que la explotación de hidrocarburos (*hydrocarbon*) en un área protegida plantea una contradicción.

"No me gusta la idea. Reconozco que hay una contraposición de intereses, pero debemos entender que la economía ecuatoriana se sustenta gracias a los

30   hidrocarburos".

De hecho, el 50% de los ingresos de Ecuador provienen de la extracción de crudo. "En esta situación, lo único que podemos hacer es controlar que se respeten las normas ambientales y exigir que se utilice tecnología que minimice el impacto en la naturaleza. Pero para eso tenemos que fortalecer (*strengthen*) las instituciones y

35   dotarlas (*equip them*) con más recursos económicos", completó Jaramillo.

4 Impacto "innegable"

Según los científicos que trabajan en la EBT, son "innegables" los efectos negativos que la actividad petrolera ha provocado en el Parque Nacional Yasuní.

"Cuatro décadas de explotación han tenido impactos directos en esta zona

40   protegida. Las compañías han talado parte del bosque tropical para construir caminos, plataformas y viviendas para los trabajadores", explicó Swing.

Swing añadió que en un sitio de gran variedad de flora y fauna como Yasuní, todo impacto, por pequeño que sea, tiene grandes consecuencias: "Por ejemplo, un kilómetro de ruta reduce en 100 hectáreas la biodiversidad de los árboles".

45   Algo similar ocurre con los animales, según Shawn MacKracken, un biólogo también estadounidense que trabaja en la EBT y se dedica a comparar las poblaciones de anfibios en áreas con mucha y poca actividad humana.
"Hemos visto que la colonización de las petroleras afecta considerablemente a la diversidad de ranas y otras especies", dijo a BBC Mundo.

Vocabulario y comprensión

1. **Vocabulario** Observa el prefijo que estas palabras tienen en común: *contradecirse, contradicción, contraposición*. ¿Qué significado le agrega a cada palabra?

   A de acuerdo

   B demasiado

   C opuesto

   D poco

2. **Vocabulario** Según el texto, ¿cuál es un sinónimo de la palabra "crudo" [línea 12]?

   A campo

   B petróleo

   C residuos

   D minerales

3. **Composición y estructura** ¿Con qué propósito usa el autor una pregunta en el título del artículo?

   A para expresar una opinión

   B para presentar los dos lados de un problema

   C para anticipar el final

   D para presentar una causa y una consecuencia del problema

4. **Composición y estructura** En el texto, el autor se refiere a la colonización de las empresas petroleras [línea 15]. ¿Cuál es la intención de usar la palabra "colonización" en este contexto?

   A indicar que estas empresas son muy importantes

   B explicar que estas empresas están desde tiempos remotos

   C indicar que estas empresas contaminan el medio ambiente

   D enfatizar que estas empresas ocupan gran parte del parque

Vocabulario y comprensión (continuación)

5. **Composición y estructura** El artículo está dividido en cuatro partes o secciones. Empareja el número de cada sección con el propósito que cada una tiene.

_____ **A** Describe con más detalle el problema.

_____ **B** Se refiere al impacto del medio ambiente.

_____ **C** Habla del aspecto económico del problema.

_____ **D** Presenta el problema y explica dónde está.

6. **Ideas clave y detalles** Identifica **dos** consecuencias negativas que la explotación de petróleo ha tenido en el parque, según los expertos.

   A Ha generado oposición del gobierno.

   B Ha disminuido la variedad de especies vegetales.

   C Ha incrementado el nivel de contaminación.

   D Ha disminuido la variedad de especies animales.

7. **Ideas clave y detalles** Elige la opción que mejor describe el principal dilema que se presenta en el artículo.

   A Las empresas petroleras han causado impactos negativos en la biodiversidad de plantas y animales del Parque Yasuní.

   B Hoy día gran parte del territorio del parque está ocupada por empresas petroleras que extraen el petróleo y destruyen el bosque tropical.

   C El Parque Yasuní es una de las áreas más diversas del planeta y al mismo tiempo posee las mayores reservas de petróleo que son necesarias para la economía del país.

   D El Parque Yasuní es una de las áreas más diversas del mundo y por ello fue declarado Reserva de la Biosfera por la UNESCO.

Realidades 3

Nombre _____ Fecha _____

Tema 9 — Cuidemos nuestro planeta: Lectura 3

Yasuní ITT: El sueño ambiental que no pudo ser

1 En 2007, el Gobierno del Ecuador sorprendió al mundo con una propuesta (*proposal*) medio ambiental que muchos consideran la más creativa que se
5 haya presentado hasta el momento. Su presidente anunció al mundo entero que su país se comprometería a mantener indefinidamente inexploradas las reservas de petróleo en el campo ITT ubicado en
10 el Parque Nacional Yasuní, una reserva ecológica en la Amazonía ecuatoriana. Estas reservas alcanzan los 846 millones de barriles.

Además de proteger el Yasuní, el
15 plan tenía como objetivo reducir las emisiones de dióxido de carbono que son provocadas por la extracción del petróleo. Según los científicos, esta práctica excesiva hace que el efecto invernadero aumente.
20 En los últimos años, hay estudios que prueban que la cantidad de dióxido de carbono en la atmósfera ha aumentado.

Para no explotar las reservas de petróleo, el presidente ecuatoriano le pidió a la
25 comunidad internacional unos 3.600 millones (*3.6 billion*) de dólares. Esta cantidad equivale al 50% de la cantidad de dinero que el gobierno del Ecuador recibiría de la explotación petrolera. El presidente
30 insistió en que otros países contribuyan con ese dinero para reemplazar los fondos que el Ecuador perdería.

Los fondos de dinero donados por los distintos países serían administrados por
35 Naciones Unidas en varios proyectos. Los proyectos incluirían mantener y conservar áreas protegidas, desarrollar fuentes de energía renovables, reforestar áreas degradadas y promover el desarrollo
40 social de comunidades indígenas que viven en la zona.

"El mundo nos ha fallado"

En agosto de 2013, el presidente de este país anunció por televisión su decisión
45 de poner fin a la iniciativa Yasuní-ITT. "El mundo nos ha fallado", dijo y explicó que no hubo suficientes donaciones para poner el plan en acción. Meses más tarde, el gobierno autorizó la explotación de
50 los campos petroleros ubicados en el Parque Yasuní con tal de que se cumplan estándares medioambientales y se cuiden a los pueblos indígenas que allí viven.

Centro de Vida Silvestre (*Wildlife*) de Napo en el Parque Nacional Yasuní.

Vocabulario y comprensión

1. **Vocabulario**   Lee la oración completa: "Su presidente anunció al mundo entero que su país se comprometería a mantener indefinidamente inexploradas las reservas de petróleo…" [líneas 5–11] ¿Qué significa la expresión "mantener indefinidamente inexploradas" en este contexto?

    A no explotar por un período de tiempo determinado

    B permitir la explotación petrolera

    C no explotar por un período de tiempo sin límite

    D intentar explotar por un corto tiempo

2. **Estructura y composición**   ¿Qué quiere decir el autor cuando dice que la propuesta de Yasuní es "la más creativa que se haya presentado hasta el momento"?

    A Es una idea nueva y original.

    B Es una idea muy buena.

    C Es una idea muy importante e interesante.

    D Es una mala idea.

3. **Ideas clave y detalles**   ¿Qué quiso decir el presidente a los ecuatorianos cuando dijo: "El mundo nos ha fallado"?

    A El gobierno del Ecuador decidió terminar la iniciativa.

    B Hubo pocos países que dieron dinero para la iniciativa.

    C Ninguna empresa petrolera en el mundo apoyó la iniciativa.

    D Naciones Unidas no contribuyó con la administración de la iniciativa.

Vocabulario y comprensión (continuación)

4. **Ideas clave y detalles**   Elige la oración que mejor describe qué es la iniciativa Yasuní- ITT.

   A El gobierno del Ecuador quiere obtener fondos de dinero de otros países para no explotar sus reservas de petróleo en el parque.

   B El gobierno del Ecuador quiere evitar el cambio climático global con la reducción de dióxido de carbono.

   C El gobierno del Ecuador quiere que la comunidad internacional invierta dinero en una nueva fuente de energía.

   D El gobierno del Ecuador quiere que Naciones Unidas administre los fondos que el Ecuador reciba de otros países.

5. **Ideas clave y detalles**   Según el texto, ¿cuál **NO** habría sido (*would have been*) un resultado esperado si la iniciativa hubiera tenido éxito?

   A proteger árboles y animales en la Amazonía ecuatoriana

   B reducir la emisión de dióxido de carbono a la atmósfera

   C dar dinero a las compañías petroleras

   D desarrollar fuentes de energía renovables

Cuidemos nuestro planeta: Integración de ideas

Escribir

Contesta la pregunta: ¿Por qué es importante preservar la biodiversidad en la Amazonía? Usa evidencia de las lecturas para apoyar tu posición.

_____

_____

_____

_____

_____

_____

_____

Writing Task Rubric

	Score: 1 Does not meet expectations	Score: 3 Meets expectations	Score: 5 Exceeds expectations
Completion of task	Does not complete the task within context of the topic.	Partially completes the task within context of the topic.	Effectively completes the task within context of the topic.
Use of evidence	Student presents no evidence from either selection to support response.	Student presents evidence from only two selections to support response.	Student presents evidence from all three selections to support response.
Comprehensibility	Student's ideas are unclear and are difficult to understand.	Student's ideas are somewhat clear and coherent and fairly well understood.	Student's ideas are clear, coherent, and easily understood.
Language use	Very little variation of vocabulary use with many grammatical errors.	Limited usage of vocabulary with some grammatical errors.	Extended use of a variety of vocabulary with very few grammatical errors.
Fluency	Uses simple sentences or fragments.	Uses complete but simple sentences.	Uses a combination of simple and complex sentences.

Tema 9 — Cuidemos nuestro planeta: Integración de ideas (continuación)

Hablar y escuchar

En grupos pequeños, preparen su posición a favor o en contra para debatir sobre el siguiente tema. Deben apoyar su posición con evidencia de las lecturas.

Los países desarrollados son los principales responsables del cambio climático. Por ello, estos países tienen la responsabilidad de donar fondos a los países en desarrollo (developing) que tienen recursos naturales únicos y necesarios para la vida en la Tierra.

Presentational Speaking Task Rubric

	Score: 1 Does not meet expectations	Score: 3 Meets expectations	Score: 5 Exceeds expectations
Completion of task	Does not complete the task within context of the topic.	Partially completes the task within context of the topic.	Effectively completes the task within context of the topic.
Use of evidence	Student presents no evidence from either selection to support response.	Student presents evidence from only two selections to support response.	Student presents evidence from all three selections to support response.
Comprehensibility	Student's ideas are unclear and are difficult to understand.	Student's ideas are somewhat clear and coherent and fairly well understood.	Student's ideas are clear, coherent, and easily understood.
Language use	Very little variation of vocabulary use with many grammatical errors.	Limited usage of vocabulary with some grammatical errors.	Extended use of a variety of vocabulary with very few grammatical errors.

Reglas y obligaciones de común acuerdo

1 Es sabido que la relación entre padres e hijos puede ponerse tensa, especialmente cuando los hijos son adolescentes. A esa edad, los jóvenes
5 empiezan a ser más independientes y les resulta difícil seguir las reglas del hogar.

Los padres implementan muchas estrategias para que sus hijos les obedezcan, pero no siempre son efectivas.
10 Una encuesta realizada en Chile indica que en la sociedad moderna se observan cambios importantes con respecto a los derechos y responsabilidades de los más jóvenes.

15 El cambio se basa principalmente en una actitud más abierta de parte de los padres, quienes eligen compartir la autoridad y permiten que los hijos tomen ciertas decisiones, dándoles libertad
20 con tal de que no se salgan de las reglas establecidas.

Sin embargo, la encuesta revela que los jóvenes saben que no adquieren (*acquire*) ese derecho automáticamente sino que deben
25 ganárselo. No debemos pensar en esto como un premio sino como un privilegio que obtienen a base de comportamientos que serán clave en su vida, como sacar buenas notas, ser responsables y cumplir
30 con lo que prometen.

Quizás el motivo principal de este cambio sea que en décadas anteriores, la madre solía estar permanentemente en el hogar. De esa manera, los hijos la
35 veían como una persona que les daba órdenes constantemente. Eventualmente, si no hacían lo que les decía, recibirían una reprimenda. En la actualidad, en cambio, en la mayoría de las familias,
40 trabajan ambos padres. Durante las horas que los padres no están en casa, que es la mayor parte de la tarde, los hijos deben manejarse solos. Hoy, el secreto de la obediencia radica en (*lies in*) la forma en
45 que los padres solicitan la cooperación de los hijos, dándoles responsabilidades, es decir, asignándole importancia a las tareas que los hijos hagan. En otras palabras, explicándoles que su contribución es parte
50 fundamental en la familia y que también es una forma de trabajar en la casa mientras los padres trabajan fuera.

La encuesta mostró que los jóvenes consideran el significado de la palabra
55 "autoridad" como algo muy duro o riguroso. Por otro lado, la opinión de los psicólogos, que analizaron los resultados de la encuesta, es que la autoridad de los padres no se debe perder. Para ellos, en
60 todo grupo debe haber alguien que ponga reglas que no sean negociables, como la hora de ir a dormir, de estudiar, y los valores que hacen a la buena formación como personas, como la honestidad y
65 el respeto por las personas mayores, por ejemplo.

¿Cuáles son tus derechos y deberes?: Lectura 1 (continuación)

La encuesta también indicó que la mayoría de los castigos implican prohibir el uso del televisor, del celular o de
70 Internet. Pero también la encuesta mostró que se pueden establecer rutinas positivas que hacen una mejor sociedad, como cenar juntos y dedicar tiempo para hablar, cosa que no todos los jóvenes quieren
75 hacer. Todo se puede negociar. La actitud de rebeldía adolescente generalmente no conduce (*lead*) a buenas relaciones entre padres e hijos, como tampoco una autoridad intransigente de parte de los
80 padres.

Sin duda, el modelo viejo de disciplina autoritaria está pasado de moda. Los tiempos modernos indican mayor igualdad y capacidad de decisión para
85 todos los miembros de la familia, sin que los hijos falten el respeto a sus mayores. Así, los hijos adquieren un compromiso, demuestran responsabilidad y madurez, cumplen con sus obligaciones, y valoran
90 (*value*) más a sus padres.

Datos registrados entre los adolescentes chilenos encuestados

Situaciones	Porcentaje de los encuestados
Los hijos creen que la autoridad está en los padres.	68%
Los hijos se comprometen a sacar mejores notas.	74%
Los hijos se comprometen a ser ordenados.	11%
Los padres les prohíben la TV/computadora/celular.	56%
Los padres levantan el castigo sin notar cambios en las notas de la escuela.	30%

Fuente: Elaborado con información de La Tercera

Vocabulario y comprensión

1. **Vocabulario**   Lee la oración: "Eventualmente, si no hacían lo que les decía, recibirían una reprimenda". [líneas 36–38] Indica la definición de "reprimenda", según el contexto.

    A posibilidad de que los hijos les den órdenes a sus padres

    B crítica o castigo que reciben los jóvenes si no cumplen sus deberes

    C permiso para que los jóvenes decidan qué hacer

    D negociación entre padres e hijos

2. **Vocabulario**   El verbo "comprometerse" aparece más de una vez en la tabla. Según el contexto, identifica el significado de "comprometerse".

    A decir la verdad

    B poner en peligro la relación entre padres e hijos

    C aceptar la responsabilidad de hacer algo

    D comportarse bien y no dar problemas

3. **Ideas clave y detalles**   ¿Qué se puede inferir con respecto a la percepción que tienen los jóvenes chilenos de la autoridad de sus padres?

    A Es duro comunicarse con los padres porque ellos no quieren escuchar a sus hijos.

    B Los padres no tienen nada de autoridad.

    C Los padres son demasiado tolerantes.

    D Aunque algunas responsabilidades se comparten, los padres siempre tienen la decisión final.

4. **Ideas clave y detalles**   ¿Qué quiere decir el autor con el título "Reglas y obligaciones de común acuerdo"?

    A En la sociedad moderna, los adolescentes se ponen de acuerdo para imponer sus reglas.

    B Entre el padre y la madre se deciden todas las reglas del hogar.

    C Los privilegios de los niños nunca deben de ser negociables.

    D Los hijos tienen responsabilidades y las deciden con los padres.

Vocabulario y comprensión (continuación)

5. Ideas clave y detalles Según la lectura, uno de los motivos en el cambio de actitud de los padres modernos tiene que ver con un cambio social. Contesta las preguntas.

Parte A: ¿Cuál es ese cambio social?

A Décadas atrás, los hijos decidían sus responsabilidades solo con la madre.

B En la actualidad, las familias chilenas tienen menos hijos.

C Por lo general, ambos padres trabajan fuera de la casa.

D De niños, los padres recibieron muchas reprimendas y no quieren hacer lo mismo.

Parte B: ¿Cuál es un efecto de este cambio en el hogar?

A En la actualidad, los niños tienen más supervisión en el hogar.

B Los hijos necesitan ser más independientes.

C Ya no hay tiempo para el diálogo entre padres e hijos.

D Las notas de los estudiantes chilenos bajaron mucho en las últimas décadas.

6. Composición y estructura El autor incluye datos estadísticos tomados en una encuesta entre jóvenes chilenos. Comparando las actitudes de los hijos con las de los padres, ¿cuál parece ser la mayor preocupación de los padres con respecto a sus hijos?

A el tiempo que pasan frente a aparatos electrónicos

B no saber cómo negociar con ellos

C las notas de la escuela

D que sus hijos no toman ningún compromiso

La familia Barreto y la reunión o junta familiar
por Roberta Maso-Fleischman, Ph.D.

1 A la familia Barreto la forman Juan, el padre, de 38 años, Adelaida, la madre de 33 años, Mario de 10, Isabel de 8 y Marcos de 5 añitos.

5 Juan y Adelaida quieren que sus hijos colaboren más, que se involucren (*get involved*) en los quehaceres cotidianos (*daily*) de la casa, que se responsabilicen más. No quieren estar mandándolos (*give*
10 *them commands*) todo el tiempo y tener ellos el peso de tomar todas las decisiones y establecer todas las reglas. Están listos para compartir con sus hijos un poco de esa autoridad que tradicionalmente
15 reposa (*lies*) sobre los hombros del padre y la madre. Por eso van a implementar la reunión o junta familiar como una manera de fomentar la unión familiar y manejar la disciplina de los hijos de una manera
20 distinta, a través de la colaboración y la responsabilidad. Sus amigos, los Poleo, lo están haciendo y están muy contentos con los resultados.

Escogen un día de la semana y una hora
25 en la cual todos puedan estar presentes. Este día y hora van a mantenerla para reunirse todas las semanas. Deciden que el mejor día y la mejor hora es domingo después de una cena temprana. A esa hora
30 apagan la televisión y los celulares.

Deciden reunirse en la sala donde todos puedan sentarse cómodamente en círculo, de manera que todos se puedan ver.

Juan dice: "Niños, vamos a reunirnos
35 todos los domingos a esta hora para hablar un poco de nosotros, ver cómo podemos mejorar y también para planificar paseos, vacaciones, etc. Como

esta es nuestra primera reunión yo voy a
40 ser el jefe y su madre va a ser la secretaria. Pero el jefe va a ser distinto en cada reunión, así como la secretaria, o sea que a cada uno de ustedes le va a tocar ser el jefe de la reunión, así todos aprenden a ser
45 líderes y a manejar un grupo".

"Toda reunión tiene una agenda. La agenda son los puntos que se van a discutir en la reunión. En esta reunión hay 2 puntos y estos son: 1) hacer una lista
50 de las responsabilidades de cada uno de nosotros y ver si estas responsabilidades están bien y 2) hablar del cumpleaños de Mario y ver qué actividades vamos a programar. La secretaria es la encargada
55 de anotar las decisiones que se tomen. Marquito, cuando te toque a ti ser secretario, no te preocupes que uno de nosotros te va a ayudar a anotar las cosas".

60 Después de que cada uno dice cuáles son sus responsabilidades, se dan cuenta que Juan tiene pocas y Adelaida muchísimas y de los niños, Isabel es la que más hace y Marquito el que
65 menos. Conversan entre todos para ver cómo pueden repartir algunas de las responsabilidades para que haya una distribución un poco más equitativa. Al final, Juan agrega (*adds*) ciertas cosas que
70 hace Adelaida a su lista y Mario toma 2 responsabilidades de la lista de Isabel y Marquito dice que él también quiere tener sus responsabilidades, puesto que (*because*) quiere demostrar que él también
75 puede colaborar.

Juan les dice: "Ahora que todos tenemos nuestras responsabilidades también hay que hablar de lo que pasa si no las hacemos, o sea, cuáles son las
80 consecuencias de no cumplirlas". Todos se pusieron muy serios y pensativos (*pensive*). Adelaida dijo: "Bueno, si no cocino... ustedes no van a comer. Si no saco la ropa de la secadora (*dryer*), la
85 doblo (*fold*) y la guardo en las gavetas (*drawer*), ustedes no van a tener ropa que ponerse. Si no recojo mi toalla del piso, allí se queda, mojada y no voy a tener una toalla seca cuando salga de la
90 ducha". Siguiendo el ejemplo de Adelaida uno a uno fue diciendo cuáles serían las consecuencias de no llevar a cabo sus responsabilidades.

Seguidamente Juan invita a Mario a
95 que diga cómo le gustaría organizar su fiesta de cumpleaños. Todos opinan y al final Mario queda satisfecho porque todos estuvieron de acuerdo con lo que él propuso.

100 Juan los felicita, dice que se siente muy orgulloso de su familia y pregunta quién quiere ser el jefe y la secretaria de la próxima reunión.

Vocabulario y comprensión

1. **Vocabulario** Lee el párrafo que comienza con "Después de que cada uno..." [líneas 60–75] ¿Qué palabra del texto **NO** se relaciona con la idea principal de este párrafo?

   A repartir

   B demostrar

   C equitativa

   D distribución

2. **Vocabulario** Contesta las preguntas.

   Parte A: Lee la oración: "Conversan entre todos para ver cómo pueden repartir algunas de las responsabilidades para que haya una distribución un poco más equitativa". [líneas 65–68] ¿Qué palabras de la oración te ayudan a entender la palabra "equitativa"? Escoge **dos** opciones.

   A responsabilidades

   B repartir

   C un poco

   D distribución

   Parte B: Según tu respuesta en la parte A, identifica un sinónimo apropiado de "equitativa".

   A correcta

   B justa

   C buena

   D lista

3. **Composición y estructura** La autora incluye una cita de Adelaida [líneas 82–90]. ¿Con qué propósito lo hace?

   A para ilustrar que la opinión de los padres es más fuerte que la de los hijos

   B para mostrar que los hijos de la familia Barreto son muy pequeños para decidir

   C para explicar las consecuencias de no reunirse los domingos

   D para dar un ejemplo claro de que todo acto tiene sus consecuencias

Vocabulario y comprensión (continuación)

4. **Ideas clave y detalles**   Lee la oración: "Están listos para compartir con sus hijos un poco de esa autoridad que tradicionalmente reposa sobre los hombros del padre y la madre". [líneas 12–16] ¿Con qué valor se relaciona el punto de vista de los padres?

   A seguridad

   B deber

   C igualdad

   D justicia

5. **Ideas clave y detalles**   Según Masso-Fleichman, ¿cuál es el propósito principal de tener una reunión los domingos?

   A que toda la familia se pueda divertir en grupo

   B que todos aprendan a tomar notas

   C ver televisión en familia mientras hablan de los quehaceres

   D establecer las tareas de cada uno de manera justa

6. **Ideas clave y detalles**   La autora da un detalle importante que explica por qué Juan y Adelaida deciden formar la junta familiar. ¿Cuál es?

   A Quieren organizar una fiesta de cumpleaños para uno de sus hijos.

   B Los inspiró la experiencia agradable de sus amigos.

   C Necesitan limpiar y organizar la casa.

   D Necesitan organizar los horarios de la familia.

7. **Ideas clave y detalles**   Uno de los deseos de los señores Barreto es que los miembros de la familia tomen decisiones democráticamente. Basándote en lo que sabes sobre la democracia, ¿qué frases de la lectura representan mejor esta idea? Elige **dos** opciones.

   A "conversan entre todos para ver cómo pueden repartir algunas de las responsabilidades"

   B "toda reunión tiene una agenda"

   C "así todos aprenden a ser líderes y a manejar un grupo"

   D "sentarse cómodamente en círculo de manera que todos se puedan ver"

¿Cuáles son tus derechos y deberes?: Integración de ideas

Escribir

El autor de la primera lectura ofrece varias ideas sobre cómo la familia de hoy ha cambiado. Escribe un informe para relacionar algunas de esas ideas con lo que le ocurre a la familia Barreto de la segunda lectura. ¿Aceptan esos cambios los Barreto o actúan de otra manera?

_____

_____

_____

_____

_____

_____

_____

Writing Task Rubric

	Score: 1 Does not meet expectations	Score: 3 Meets expectations	Score: 5 Exceeds expectations
Completion of task	Does not complete the task within context of the topic.	Partially completes the task within context of the topic.	Effectively completes the task within context of the topic.
Use of evidence	Student presents no evidence from either selection to support response.	Student presents evidence from only one selection to support response.	Student presents evidence from both selections to support response.
Comprehensibility	Student's ideas are unclear and are difficult to understand.	Student's ideas are somewhat clear and coherent and fairly well understood.	Student's ideas are clear, coherent, and easily understood.
Language use	Very little variation of vocabulary use with many grammatical errors.	Limited usage of vocabulary with some grammatical errors.	Extended use of a variety of vocabulary with very few grammatical errors.
Fluency	Uses simple sentences or fragments.	Uses complete but simple sentences.	Uses a combination of simple and complex sentences.

¿Cuáles son tus derechos y deberes?: Integración de ideas (continuación)

Hablar y escuchar

En grupos pequeños, preparen una presentación en la que expliquen hasta qué punto los hijos pueden tomar decisiones en el hogar. ¿Cuál es el límite para que un niño tome decisiones? ¿Qué tipo de obligaciones creen que no se deben negociar? ¿Creen que las estadísticas de Chile coinciden en general con lo que ocurre en Estados Unidos? Presenten diferentes situaciones y den ejemplos según lo que aprendieron en las lecturas. Consideren también sus experiencias personales.

Presentational Speaking Task Rubric

	Score: 1 Does not meet expectations	Score: 3 Meets expectations	Score: 5 Exceeds expectations
Completion of task	Does not complete the task within context of the topic.	Partially completes the task within context of the topic.	Effectively completes the task within context of the topic.
Use of evidence	Student presents no evidence from either selection to support response.	Student presents evidence from only one selection to support response.	Student presents evidence from both selections to support response.
Comprehensibility	Student's ideas are unclear and are difficult to understand.	Student's ideas are somewhat clear and coherent and fairly well understood.	Student's ideas are clear, coherent, and easily understood.
Language use	Very little variation of vocabulary use with many grammatical errors.	Limited usage of vocabulary with some grammatical errors.	Extended use of a variety of vocabulary with very few grammatical errors.

Level 4

La moda: El lenguaje de los jóvenes

OPINIÓN EDITORIAL

1 La ropa habla. La moda que usamos dice mucho de nosotros. Es como un lenguaje que nos ayuda a expresarnos. Es un modo de comunicar una imagen personal. Sí, la
5 moda habla. Dice cómo somos. ¿Modernos o conservadores, aventureros o aburridos, atléticos o intelectuales? ¿O una combinación de todo? La moda habla. A veces en voz baja. A veces a gritos (*screams*). A veces nos da un
10 mensaje simple y directo. Otras veces ese mensaje es complejo y difícil de comprender. Para los jóvenes, la moda es un lenguaje visual, una manera de difundir al mundo un mensaje acerca de quiénes somos.

15 **¿Qué quieren comunicar los jóvenes con la moda que usan?**

Para un joven, cuidar su moda es cuidarse a sí mismo, su imagen y su identidad. Su imagen es cómo lo ven los demás, y
20 la moda le sirve de acto de presentación (*personal introduction*). Su identidad es cómo se ve a sí mismo, cómo se siente y qué aspiraciones tiene. Por ejemplo, un joven limpio y ordenado generalmente
25 prefiere seguir la moda que muestre esas cualidades. Un joven creativo o artístico prefiere la moda que le permita mostrar su creatividad.

¿Por qué es importante para los jóvenes tener
30 **una moda?**

La moda que usamos comunica nuestra relación con la sociedad. Usamos la ropa para indicar que formamos parte de nuestra sociedad, o sea, para sentirnos
35 incluidos. Pero también podemos usar la moda para mostrar nuestra rebeldía, para indicar que formamos parte de un grupo particular y no de otros grupos. Por ejemplo, hay modas que nos identifican
40 con un tipo de música. El estilo de una persona nos puede decir si le gusta el hip-hop, el rock o el pop.

"Sí, la moda habla. Dice cómo somos".

¿Qué nos dice la moda acerca de los jóvenes?

Sin duda, tú mismo te fijas en la moda
45 de otros jóvenes. Si la moda es un "lenguaje", pues entonces la moda se puede "leer" como se lee un libro. Si observas cómo están vestidos otros jóvenes, puedes inferir muchas cosas.
50 La moda de un joven te dice si se siente seguro o inseguro, si es alegre o serio, rebelde o convencional. Y con su moda, un joven te comunica una actitud sobre su cuerpo. Por ejemplo, hay chicos y chicas
55 que prefieren ropa más conservadora que cubra brazos y piernas. Hay otros que prefieren ropa más atrevida, apretada (*tight*) al cuerpo y que muestre los brazos y las piernas.

60 **¿Por qué hay diferentes tipos de moda al mismo tiempo?**

Algunas modas son pasajeras. A veces hay tendencias; por ejemplo, un verano se pone de moda el amarillo, pero ese color
65 pasa de moda cuando llega el otoño. Esas modas pasajeras son preferencias que van y vienen rápidamente. Por otra parte, hay una diversidad de modas que son duraderas y varias modas existen al mismo
70 tiempo: clásica, deportiva, profesional, informal. Esta diversidad de modas refleja la diversidad de pensamientos y valores entre los jóvenes. Representan diferentes actitudes hacia la vida y hacia la sociedad.

75 ***Más que la ropa***

La moda no se limita a la ropa. El color del pelo, el peinado, el maquillaje, el color de las uñas y los accesorios son otros aspectos de la moda. Y más aún: los tatuajes y las

80 perforaciones (*piercings*) son también parte de la moda. Si un amigo o una amiga se presenta de pronto un día con el pelo rojo, tatuajes en los brazos y las uñas negras, esto te dice que algo ha cambiado en su

85 forma de pensar.

La moda habla. Es un modo de ser, un modo de vivir, un modo de pensar. Es una filosofía de vida.

E. Aparicio

Eduardo Aparicio
Director editorial

Reading, Writing, and Speaking Skills Practice, Volume 2

Vocabulario y comprensión

1. **Vocabulario**   Identifica el antónimo de "aventureros" [línea 6] que el autor da en el contexto de esta lectura.

   A atléticos

   B conservadores

   C aburridos

   D jóvenes

2. **Vocabulario**   Lee la frase: "Otras veces ese mensaje es complejo... ". [líneas 10–11] Identifica las **dos** palabras que el autor usa en el primer párrafo que **NO** son sinónimos de "complejo".

   A difícil

   B directo

   C conservador

   D simple

3. **Composición y estructura**   El editor usa una metáfora al decir que "la moda se puede 'leer' como se lee un libro". [líneas 46–47] Vuelve a leer el párrafo completo e indica qué quiere decir el editor con esta expresión.

   A que tenemos que leer sobre la moda para entenderla, pues es muy difícil entender lo que significa la moda

   B que un libro es un modo de expresión, y la moda también es un modo de expresión

   C que es necesario escribir libros sobre la moda si queremos entenderla

   D que leer un libro es una actividad pasajera, y la moda también es algo pasajero que va y viene

4. **Composición y estructura**   El editor escribe "La ropa habla" al principio y después repite la frase "la moda habla" dos veces. ¿Cuál crees que es la intención del autor al repetir esa frase?

   A El autor repite esa frase porque la idea le parece muy compleja y difícil de entender.

   B Es una manera de dar énfasis a la idea de que la moda es un lenguaje.

   C El autor cree que a los lectores jóvenes hay que repetirles la misma idea muchas veces.

   D Es una manera de comparar la moda con las personas.

Vocabulario y comprensión (continuación)

5. **Ideas clave y detalles**   Según la manera de pensar del editor, ¿qué significado tiene si una amiga rubia aparece un día en tu clase con el pelo verde y seis perforaciones nuevas en la cara?

   A Las modas cambian de un día para otro y nunca se sabe cuál será la moda nueva.

   B Le regalaron seis anillos para su cumpleaños y quiere que todos los vean.

   C Ha cambiado de idea de cómo se siente consigo misma y cómo quiere ser vista por la sociedad.

   D Le gusta la idea de que la acepten tal cual es y no quiere mostrar un nuevo estilo.

6. **Ideas clave y detalles**   ¿Qué quiere decir el autor con la frase "la moda es una filosofía de vida" [líneas 87–88]?

   A Afirma que la moda es tan difícil como la filosofía y poca gente la entiende.

   B Cree que seguramente muchos filósofos han escrito sobre la moda.

   C Explica que la moda expresa lo que pensamos de nosotros mismos y de la sociedad.

   D El autor no tiene ninguna razón para decir eso y esta frase no está justificada.

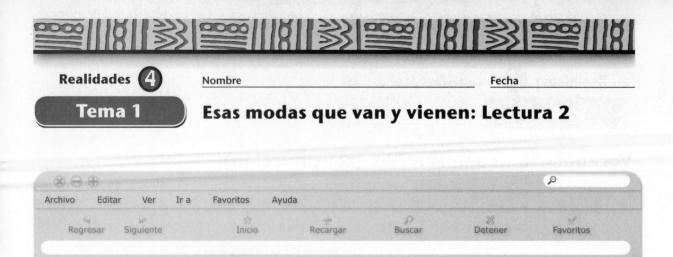

Archivo   Editar   Ver   Ir a   Favoritos   Ayuda

Regresar   Siguiente   Inicio   Recargar   Buscar   Detener   Favoritos

La moda del futuro: Tecnología de vestir

1 Imagina la ropa y los accesorios del futuro: Una camisa que te permite hablar por teléfono; una camiseta y pantalones que se encienden de noche cuando montas en bicicleta; un vestido de luces LED que puedes cambiar de color cada vez que vas a una fiesta. En realidad, esta ropa y estos accesorios que parecen de la ciencia ficción
5 ya existen. Es "ropa inteligente", una moda nueva llamada "tecnología de vestir".

Y hay muchos otros dispositivos o aparatos nuevos que se pueden usar como accesorios de moda: una corbata electrónica que cambia de color; un vestido que publica tus *tweets*; un abrigo con botones que tocan música cuando los aprietas; anteojos o gafas como el dispositivo electrónico para usar Glass™ que te conectan a
10 Internet mientras caminas; un reloj de pulsera (*wrist watch*) inteligente que cuenta los ejercicios que haces en el gimnasio; zapatos que miden la velocidad a la que caminas.

Un nuevo dispositivo bien curioso es un "tatuaje electrónico" en el cuello que funciona como el micrófono de tu celular. Este tatuaje electrónico en realidad no es un dibujo permanente hecho con tinta (*ink*) en la piel, sino un circuito electrónico
15 que se pega a la piel y parece un tatuaje. Cuando está pegado al cuello, recoge muy bien la voz sin que tengas que hablar alto. Y este micrófono "tatuado" a tu cuello se conecta con tu celular por Bluetooth®.

Algunos de estos dispositivos se inventaron hace ya algunos años. Otros son inventos más recientes. Cada año, los diseñadores de moda inventan más ropa
20 con tecnología. Para algunos diseñadores, un día, los chicos con el celular en el bolsillo o las chicas con el celular en el bolso van a estar pasados de moda. Y lo que va a estar en boga será ropa con chip telefónico que te permite hacer una llamada con solo levantar el brazo y que tiene una batería que se carga (*charges*) cuando caminas.

25 Todos estos nuevos productos indican una fuerte tendencia a mezclar tecnología y moda. ¿Será esto una tendencia pasajera? ¿O se convertirá en una moda duradera?

Vocabulario y comprensión

1. **Vocabulario** Contesta las preguntas.

   Parte A: Lee la oración: "Algunos de estos dispositivos se inventaron hace ya algunos años". [línea 18] ¿Qué palabra del texto te ayuda a entender el significado de "dispositivo"?

   A ropa

   B aparato

   C moda

   D dibujo

   Parte B: Según tu respuesta en la parte A, ¿qué significa la palabra "dispositivo"?

   A Es una moda de ropa nueva.

   B Es una fuerte tendencia dentro de la moda.

   C Es un aparato tecnológico.

   D Es una corbata de muchos colores.

2. **Vocabulario** Contesta las preguntas.

   Parte A: ¿A qué se refiere la expresión "tecnología de vestir" [línea 5]?

   A a la tecnología que usan los diseñadores para hacer ropa

   B a la ropa hecha en fábricas de tecnología avanzada

   C a la ropa o el accesorio que contiene algún tipo de tecnología

   D a la tecnología que se puede ver en todas partes

   Parte B: Ahora, identifica cuál de estas opciones **NO** es un ejemplo de tecnología de vestir.

   A corbata electrónica

   B ropa de ciencia ficción

   C camisa con teléfono

   D vestido con luces

Vocabulario y comprensión (continuación)

3. **Composición y estructura**   Vuelve a leer el tercer párrafo. ¿Por qué el autor escribe "tatuaje electrónico" [línea 12] entre comillas?

   A Es el nombre de un producto nuevo.

   B Sabe que es un nombre propio.

   C Quiere indicar que no es un tatuaje de verdad.

   D Quiere que el lector preste atención.

4. **Composición y estructura**   Lee el último párrafo de la lectura. ¿Por qué el autor decide concluir el artículo con dos preguntas?

   A para expresar que no está de acuerdo

   B para invitar al lector a pensar sobre el tema

   C porque no entiende el tema

   D porque la tecnología es un misterio

5. **Ideas clave y detalles**   ¿Cuál de estas opciones resume mejor la idea central de este ensayo?

   A Todos los jóvenes ya usan la moda que mezcla ropa y tecnología.

   B La tecnología de vestir es una moda que mezcla ropa y accesorios con tecnología.

   C En el futuro, vamos a tener muchos dispositivos de técnica avanzada en la ropa.

   D La tecnología de vestir sirve solo para hacer llamadas por teléfono.

La moda del pasado: El *vintage*

1   La moda *vintage* es la ropa de otra época que se pone en boga. Es moda del pasado convertida en moda del presente. Para los puristas, la moda *vintage* implica

5 ropa y joyas auténticas creadas en otra época por grandes diseñadores. Y si están en buen estado, tienen gran valor histórico y monetario. Casi siempre nos referimos a la moda *vintage* por décadas: como la moda de

10 los años 40, la moda de los 50 o de los 60.

Entre las personas que gustan de la ropa *vintage*, esta moda es una manera de rechazar la ropa del presente y buscar la elegancia de las modas del pasado. La

15 ropa de hoy se produce en masa, muchas veces en fábricas en países pobres, mientras que la ropa de antes era más artesanal. Un motivo de la popularidad de la moda *vintage* es el deseo de expresar un rechazo

20 hacia la ropa de hoy fabricada en masa y ponerse ropa antigua única que nadie más tiene y sentirse especial. La moda *vintage*, como toda moda, no incluye solo la ropa. Hay sombreros, zapatos, bolsos

25 y joyas *vintage*. Los que se dedican a usar moda *vintage* conocen muy bien la moda de un período específico y saben combinar la ropa *vintage* con otros accesorios de la misma época. Combinar bien la ropa

30 *vintage* con accesorios de esa misma época crea una apariencia (*appearance*) *vintage* bien auténtica y elegante.

Muchos diseñadores de moda de hoy han tomado las modas del pasado como

35 inspiración y crean ropa nueva que llaman *vintage* porque imita la ropa de otra época. Algunos puristas no consideran que esto sea una verdadera moda *vintage*, sino simplemente ropa de diseño *retro*. Es decir,

40 ropa contemporánea diseñada para imitar la ropa de otra época. La ventaja de esta ropa *retro* es que no es tan cara como la auténtica ropa de otra época y permite que más personas puedan vestirse a la moda

45 *vintage*.

Una manera de destacar la moda *vintage* es usar peinados y maquillaje de la misma época que la ropa. Y una manera atrevida de llamar la atención (*attract attention*)

50 con la moda *vintage* es combinar la ropa de otra época con accesorios modernos y contemporáneos. También se logra el mismo efecto haciendo lo contrario: combinando ropa contemporánea con accesorios *vintage*

55 de otra década. El contraste de lo nuevo con lo viejo hace ver la belleza de las dos épocas. Es como un diálogo elegante entre dos estilos y entre dos épocas.

Vocabulario y comprensión

1. Vocabulario Contesta las preguntas.

Parte A: Lee la oración: "La ropa de hoy se produce en masa, muchas veces en fábricas en países pobres, mientras que la ropa de antes era más artesanal". [líneas 14–17] Identifica **dos** opciones que indican el significado opuesto de la palabra "artesanal".

   A en masa   **B** de hoy

   C pobres   **D** fábricas

Parte B: Según tu respuesta en la parte A, ¿qué significa la palabra "artesanal"?

   A Artesanal es lo mismo que arte.

   B Se refiere a algo fabricado en países pobres.

   C Significa que no está fabricado en países pobres.

   D Es algo que se hace en poca cantidad, generalmente a mano.

2. Vocabulario Lee el párrafo dos. Según el contexto, ¿qué significa la frase "rechazar la ropa del presente"?

   A aceptar la ropa de hoy

   B no aceptar la ropa contemporánea

   C recordar la ropa del pasado

   D no repetir la moda del pasado

3. Composición y estructura Lee este fragmento: "El contraste de lo nuevo con lo viejo hace ver la belleza de las dos épocas. Es como un diálogo elegante entre dos estilos y entre dos épocas". [líneas 55–58] ¿Por qué el autor usa la palabra "diálogo" en este contexto para referirse a la moda?

   A para explicar que es importante que los puristas hablen con los diseñadores contemporáneos y los acepten

   B para explicar que la moda *vintage* y la moda *retro* se parecen demasiado y se confunden

   C para explicar que la moda es como un lenguaje y para compararla con una conversación entre dos personas o grupos

   D para explicar por qué los diseñadores modernos toman ideas del pasado

Vocabulario y comprensión (continuación)

4. **Composición y estructura**   Podríamos decir que parte del estilo de este autor es hacer contrastes. Escoge **dos** opciones que apoyan esta idea, según evidencia del texto.

   A El autor contrasta el pasado y el presente.

   B El autor contrasta ropa buena y ropa mala.

   C El autor contrasta diseño simple y diseño complicado.

   D El autor contrasta los estilos *retro* y *vintage*.

5. **Ideas clave y detalles**   Según el autor, ¿cuál es la diferencia principal entre la moda *vintage* y la moda *retro*?

   A No hay diferencia, pues las dos son modas del pasado.

   B La moda *vintage* es más elegante que la moda *retro*.

   C La moda *retro* es una inspiración mientras que la moda *vintage* es una imitación.

   D La moda *vintage* es auténtica mientras que la moda *retro* es una copia.

6. **Ideas clave y detalles**   ¿Cuál es el propósito principal del autor que escribió este artículo?

   A explicar que existe una moda *vintage* pero que no es popular

   B analizar la moda *vintage* y explicar cómo la usa la gente

   C criticar la moda *vintage* porque es vieja

   D explicar a los lectores qué ropa y accesorios van mejor con la moda *vintage*

Tema 1

Esas modas que van y vienen: Integración de ideas

Escribir

Los tres artículos hablan de la moda como forma de expresión y comunicación. Escribe un ensayo en el que expliques este concepto citando evidencia de las tres lecturas.

_____

_____

_____

_____

_____

_____

_____

Writing Task Rubric

	Score: 1 **Does not meet expectations**	Score: 3 **Meets expectations**	Score: 5 **Exceeds expectations**
Completion of task	Does not complete the task within context of the topic.	Partially completes the task within context of the topic.	Effectively completes the task within context of the topic.
Use of evidence	Student presents no evidence from either selection to support response.	Student presents evidence from only two selections to support response.	Student presents evidence from all three selections to support response.
Comprehensibility	Student's ideas are unclear and are difficult to understand.	Student's ideas are somewhat clear and coherent and fairly well understood.	Student's ideas are clear, coherent, and easily understood.
Language use	Very little variation of vocabulary use with many grammatical errors.	Limited usage of vocabulary with some grammatical errors.	Extended use of a variety of vocabulary with very few grammatical errors.
Fluency	Uses simple sentences or fragments.	Uses complete but simple sentences.	Uses a combination of simple and complex sentences.

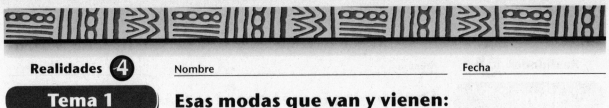

Tema 1

Esas modas que van y vienen: Integración de ideas (continuación)

Hablar y escuchar

En grupos pequeños, preparen su posición a favor o en contra para debatir sobre el siguiente tema. Deben apoyar su posición con evidencia de las lecturas y con ejemplos personales.

El estilo vintage *y la tecnología de vestir no son verdaderas modas. Son simplemente tendencias pasajeras y modas no duraderas.*

Presentational Speaking Task Rubric

	Score: 1 Does not meet expectations	Score: 3 Meets expectations	Score: 5 Exceeds expectations
Completion of task	Does not complete the task within context of the topic.	Partially completes the task within context of the topic.	Effectively completes the task within context of the topic.
Use of evidence	Student presents no evidence from either selection to support response.	Student presents evidence from only two selections to support response.	Student presents evidence from all three selections to support response.
Comprehensibility	Student's ideas are unclear and are difficult to understand.	Student's ideas are somewhat clear and coherent and fairly well understood.	Student's ideas are clear, coherent, and easily understood.
Language use	Very little variation of vocabulary use with many grammatical errors.	Limited usage of vocabulary with some grammatical errors.	Extended use of a variety of vocabulary with very few grammatical errors.

El cambio climático: ¿víctima de la mala propaganda?

Jessica Bigio Oosterman
BBC Mundo

1   A pesar de estar presente en la agenda política internacional desde hace más de 20 años, cada vez son más los que piensan que al hablar de calentamiento global, nos

5   están vendiendo gato por liebre (*hare*).

Pocos escépticos (*skeptics*) del cambio climático han conmocionado (*shocked*) al mundo como Bjorn Lomborg. Escritor, profesor y ambientalista danés (*Danish*),

10 se lanzó a la fama (*achieved fame*) y a la boca del lobo (*wolf*) hace más de diez años, cuando se atrevió a cuestionar los efectos "catastróficos" del calentamiento global.

Lo demás es historia. Plasmó

15 (*consolidated*) sus críticas en un libro que tituló *El ecologista escéptico* y se convirtió en el referente (*touchstone*) de los no creyentes.

Su argumento siempre ha sido el

20 mismo: los políticos optan por infundir (*instill*) miedo y exagerar las predicciones del cambio climático para atraer la atención del público. Para él, no es que no exista el calentamiento global, es que no es

25 como lo pintan.

Hoy, los escépticos son muchos más. A diferencia de Lomborg, no solo creen que el problema está siendo manejado de forma errónea, sino que además dudan

30 de que exista. Un estudio realizado por el Pew Research Center en Estados Unidos en 2012, concluyó que la convicción de que la Tierra se está calentando bajó en un 10% con respecto al 2006.

35 Un resultado similar se evidenció en Reino Unido, en donde una encuesta de YouGov de junio de 2012 reveló que uno de cada cinco entrevistados no está seguro de que el aumento de temperatura en

40 nuestro planeta sea consecuencia de la actividad humana. La falta de credibilidad en el tema ha puesto un gran interrogante (*unanswered question*) sobre la mesa: ¿por qué hay gente que no cree en el cambio

45 climático?

Predicciones que no se cumplieron (*come true*)

"El problema es la tendencia a exagerar las predicciones del calentamiento global.

50 Cuando no se cumplen, la gente deja de creer en la causa", le dijo Lomborg a BBC Mundo. En un artículo publicado el mes pasado, el danés incluyó varios ejemplos de pronósticos realizados hace algunos

55 años que no se hicieron realidad.

Entre los mencionados estaba el fenómeno El Niño: "En 1997 Al Gore aseguró que el calentamiento global iba a fortalecer y a agravar los vientos de El

60 Niño. El presagio no se cumplió", explica el profesor.

Otro de los señalados fue el supuesto auge de huracanes. "Muchas organizaciones medioambientales

65 anunciaron hace unos años que íbamos a presenciar huracanes más violentos como resultado de la transformación climática. En los últimos seis años, la energía global generada por los huracanes decayó

70 (*decreased*) a su nivel más bajo desde la década de los 70".

Lomborg también remarcó (*emphasized*) la falta de precisión en las predicciones relacionadas con la vida animal. "El World

75 Wildlife Fund declaró en 2004 que los osos polares se extinguirían a finales del

siglo, comenzando en la Bahía de Hudson, donde dejarían de reproducirse en 2012. Los osos siguen reproduciéndose", dijo.

80 Y en cuanto a las enfermedades, el ambientalista precisó (*specified*) que "aunque siempre se ha dicho que el calentamiento global hará que llegue la malaria a Europa, las muertes ocasionadas

85 por esta enfermedad decayeron en más del 25% en los últimos diez años".

Lomborg aclara que la mayoría de las predicciones no son erróneas, solo son exageradas. "Creo que debemos dejar

90 de pensar que la única forma de luchar contra el cambio climático es siendo catastrófico al respecto. Infundir miedo no solo perjudica la credibilidad, también afecta nuestra capacidad de tomar

95 decisiones inteligentes".

Mientras que algunos apoyan la teoría de Lomborg, muchos lo descalifican: argumentan que el escritor no es un experto en ecología ni en cambio

100 climático, sino un estadístico (*statistician*) con ideas controvertidas (*controversial*).

Fuertes críticas han sido publicadas en revistas como *Scientific American*, acusándolo de utilizar sesgadamente

105 (*skewing*) los datos.

Ante este tipo de respuestas, Lomborg le dijo a BBC Mundo: "teniendo en cuenta que hay un fuerte movimiento en la actualidad que niega el cambio climático,

110 es entendible que algunos muestren escepticismo ante lo que sustento (*assert*). Pero yo no niego el calentamiento global, simplemente cuestiono la manera en que lidiamos (*deal*) con el problema".

Vocabulario y comprensión

1. **Vocabulario**   Lee la frase: "cada vez son más los que piensan que al hablar de calentamiento global, nos están vendiendo gato por liebre" [líneas 3–5]. ¿Qué significa la expresión "vender gato por liebre" en este contexto?

   A confundir a gatos con otros animales

   B mentir a alguien

   C vender gatos y liebres

   D convertir o transformar los gatos en liebres

2. **Vocabulario**   Contesta las preguntas.

   Parte A: ¿Qué significado le da la autora a la palabra "manejar" en la frase "el problema está siendo manejado de forma errónea" [líneas 28–29]?

   A conducir

   B manipular

   C hablar

   D usar

   Parte B: Vuelve a leer el párrafo completo donde se encuentra la frase "el problema está siendo manejado de forma errónea" e identifica a qué se refiere la autora con esta frase.

   A Otras personas no creen que exista el problema.

   B El 10% de las personas dejaron de creer en el cambio climático.

   C El Pew Research Center concluye que la Tierra se está calentando.

   D Algunos creen que el problema no es tratado de manera correcta.

3. **Vocabulario**   Vuelve a leer las líneas 48 a 67 donde se encuentra la oración: "El presagio no se cumplió" [línea 60]. Según el texto, ¿qué quiere decir la palabra "presagio"?

   A calentamiento

   B transformación

   C fenómeno

   D predicción

Vocabulario y comprensión (continuación)

4. **Composición y estructura** Contesta las preguntas.

Parte A: Lee el párrafo completo donde se encuentra la frase "se lanzó a la fama y a la boca del lobo" [líneas 10–11]. Según el contexto de la lectura, ¿qué significa esta frase en relación con Lomborg?

A Se hizo famoso pero empezó una gran controversia sobre el cambio climático.

B Él se convirtió en un punto de referencia para los que no creen en el cambio climático.

C Lo acusan de dar más preferencia a unos datos que a otros.

D Es entendible que algunas personas desconfíen de Lomborg.

Parte B: ¿Por qué el autor usa la frase "se lanzó a la fama y a la boca del lobo" para referirse a Lomborg?

A para compararlo con un animal

B para afirmar que era tímido al decir su opinión sobre el cambio climático

C para mostrar que fue atrevido al hacer preguntas sobre los efectos del cambio climático

D para discutir las intenciones de la gente que habla sobre el calentamiento global

5. **Composición y estructura** En el contexto del artículo, ¿cuál de estas oraciones ayuda a entender el significado de la frase "no es como lo pintan" [líneas 24–25]?

A Las cosas no son como nos hacen creer que son.

B Es un problema que no está siendo investigado.

C Creen que los problemas no existen.

D Todo problema tiene dos caras.

Vocabulario y comprensión (continuación)

6. **Ideas clave y detalles**   Contesta las preguntas.

Parte A: ¿Cuál es el argumento principal de Lomborg?

A El clima no está cambiando pero las percepciones al respecto sí han cambiado.

B La mayoría de la gente no cree que exista el cambio climático.

C El cambio climático es una ficción de los políticos y estadísticos.

D El calentamiento global es real, pero las predicciones son exageradas.

Parte B: En el artículo, la periodista cita diferentes ejemplos de Lomborg para ilustrar el punto de vista de este ambientalista. ¿Cuál de las opciones **NO** es un ejemplo de Lomborg?

A Los vientos de El Niño se han vuelto más fuertes.

B Se ha reducido la energía global generada por huracanes.

C Los osos polares no han desaparecido.

D El número de muertes ocasionadas por malaria ha disminuido.

Tema 2   La tecnología y el progreso: Lectura 2

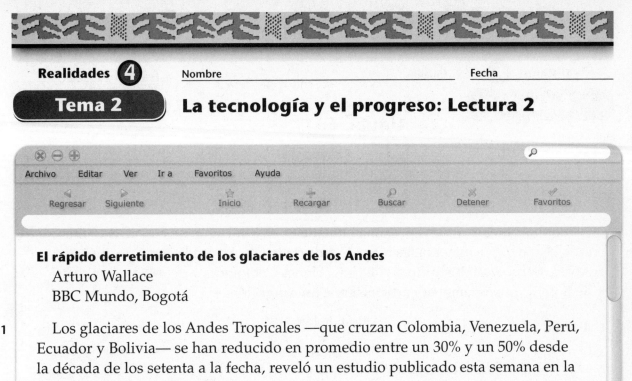

El rápido derretimiento de los glaciares de los Andes
Arturo Wallace
BBC Mundo, Bogotá

1   Los glaciares de los Andes Tropicales —que cruzan Colombia, Venezuela, Perú, Ecuador y Bolivia— se han reducido en promedio entre un 30% y un 50% desde la década de los setenta a la fecha, reveló un estudio publicado esta semana en la revista académica *Cryosphere*.

5   Se trata, según el estudio, del ritmo de derretimiento más acelerado de los últimos 300 años.

Una tendencia alarmante, si se considera que esos glaciares son la principal fuente de agua potable (*drinking water*) para millones de habitantes de la región.

La investigación, que incluye datos sobre prácticamente la mitad de los glaciares
10   de los Andes, concluye que su derretimiento es el resultado del aumento de la temperatura, que subió en promedio 0.7° centígrados entre 1950 y 1994.

Y si bien el fenómeno es evidente en todos los Andes Tropicales, es particularmente pronunciado en los glaciares más pequeños, ubicados a menor altitud. "En el Perú, todos los glaciares que están por debajo de los 5.100 metros ya
15   han desaparecido", le dijo a BBC Mundo Wilson Suárez, del Servicio Nacional de Hidrología y Meteorología del Perú y uno de los coautores del estudio.

Y, en toda la región, los glaciares ubicados (*situated*) a altitudes inferiores a los 5.400 metros han perdido en promedio 1,35 cm de su capa de hielo cada año desde 1970: el doble que los grandes glaciares ubicados a mayor altitud. "Como el grosor
20   (*thickness*) máximo de esos pequeños glaciares de baja altura rara vez excede los 40 metros, con semejante pérdida anual es probable que desaparezcan completamente en las próximas décadas", afirmó el autor principal del estudio, Antoine Rabatel, del Laboratorio de Glaciología y Geofísica Ambiental de Grenoble, Francia.

Escasez de agua
25   Según los investigadores, el promedio de lluvias en la región ha cambiado poco durante las últimas décadas, por lo que las precipitaciones fluviales (*river rainfall*) no pueden ser consideradas una causa de la reducción de los glaciares.

Y si no se producen cambios en el régimen de lluvias, la región podría enfrentar serios problemas de disponibilidad (*availability*) de agua en un futuro no muy lejano.

La tecnología y el progreso: Lectura 2 (continuación)

"Los tres países tropicales que dependemos de agua glaciar somos Ecuador, Perú y Bolivia", explicó Suárez.   **30**

[…]

"Los glaciares proveen aproximadamente el 15% del agua de La Paz durante todo el año y eso aumenta hasta un 27% durante la temporada seca", explicó Álvaro Soruco, del Instituto de Investigaciones Geológicas y del Medio Ambiente   **35**
de Bolivia, quien también participó en la investigación.

Alarma

[…] Jorge Luis Ceballos —quien también es uno de los coautores del estudio— coincide con el Panel Intergubernamental para el Cambio Climático (IPCC, por sus siglas en inglés) en que los glaciares de montaña son un indicador fundamental de   **40**
lo que ocurre con el clima del planeta.

"Nosotros entendemos a nuestros nevados como una alarma. Una alarma que se prendió (*set off*) hace dos o tres décadas", explicó.

El problema, sin embargo, es que no es mucho lo que pueden hacer individualmente los países andinos para combatir el derretimiento de sus glaciares.   **45**

"Las medidas que podamos tomar como país para combatir el cambio climático no serían suficientes, tiene que ser parte de un esfuerzo global", le dijo a BBC Mundo. "Lo único que podemos hacer en estos momentos es hacer los estudios, proyectar escenarios y en función a eso comenzar a adaptarnos", concluyó.

Los glaciares en Perú se están derritiendo a un ritmo acelerado.

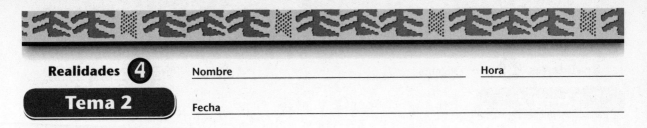

Vocabulario y comprensión

1. **Vocabulario** Contesta las preguntas.

Parte A: Lee la oración: "Se trata, según el estudio, del ritmo de derretimiento más acelerado de los últimos 300 años". [líneas 5–6] ¿Cuál de los siguientes fragmentos del texto **NO** te ayuda a entender el significado de la palabra "derretimiento"?

   A "Los glaciares de los Andes Tropicales… se han reducido".

   B "… esos glaciares son la principal fuente de agua potable".

   C "… es el resultado del aumento de la temperatura".

   D "En el Perú, todos los glaciares… debajo de los 5.100 metros ya han desaparecido".

Parte B: Según tu respuesta en la parte A, ¿qué significa "derretimiento"?

   A un proceso en el que el agua se hace vapor

   B un proceso en el que el hielo se hace agua

   C un proceso en el que el agua se hace hielo

   D un proceso en el que el vapor se hace agua

2. **Vocabulario** Identifica el sinónimo de la palabra "rápido" que usa el autor en el artículo para referirse al ritmo en que los glaciares se están derritiendo.

   A mitad

   B promedio

   C acelerado

   D aumento

3. **Composición y estructura** Esta lectura habla del calentamiento global. ¿Cuál de las palabras o frases clave del texto **NO** da un sentido de urgencia sobre este problema?

   A "el promedio de lluvias ha cambiado poco"

   B "escasez de agua"

   C "alarma"

   D "ritmo de derretimiento más acelerado"

Vocabulario y comprensión (continuación)

4. **Ideas clave y detalles**   Según la investigación, ¿por qué se están derritiendo más rápidamente los glaciares andinos pequeños?

   A porque el hielo es más delgado

   B por la cantidad de lluvia

   C por la temporada seca

   D porque están en zonas más altas

5. **Ideas clave y detalles**   ¿Cuál es el objetivo principal de la investigación que se presenta en el artículo?

   A dar a conocer algunos de los beneficios del calentamiento global y el cambio de clima

   B informar al público que los glaciares andinos se están derritiendo muy rápidamente

   C explicar la importancia del agua en los países de América del Sur

   D convencer a los lectores que hay escasez de agua

6. **Integración de ideas**   ¿Qué tienen en común las lecturas 1 y 2?

   A Las dos explican las predicciones climáticas mundiales de los últimos años.

   B Las dos se preocupan por los cambios del medio ambiente.

   C Las dos comentan el derretimiento de glaciares.

   D Las dos concluyen que hay que hacer más estudios ambientales sobre los glaciares.

Tema 2 — La tecnología y el progreso: Integración de ideas

Escribir

Analiza y evalúa si los artículos periodísticos 1 y 2 presentan evidencia adecuada para apoyar el punto de vista de cada uno sobre el problema del calentamiento global. Escribe un breve informe en el que expliques si una lectura presenta información más concreta y relevante para apoyar el argumento que desarrolla o si las dos lo hacen de igual manera.

_____

_____

_____

_____

_____

_____

_____

_____

Writing Task Rubric

	Score: 1 Does not meet expectations	Score: 3 Meets expectations	Score: 5 Exceeds expectations
Completion of task	Does not complete the task within context of the topic.	Partially completes the task within context of the topic.	Effectively completes the task within context of the topic.
Use of evidence	Student presents no evidence from either selection to support response.	Student presents evidence from only one selection to support response.	Student presents evidence from both selections to support response.
Comprehensibility	Student's ideas are unclear and are difficult to understand.	Student's ideas are somewhat clear and coherent and fairly well understood.	Student's ideas are clear, coherent, and easily understood.
Language use	Very little variation of vocabulary use with many grammatical errors.	Limited usage of vocabulary with some grammatical errors.	Extended use of a variety of vocabulary with very few grammatical errors.
Fluency	Uses simple sentences or fragments.	Uses complete but simple sentences.	Uses a combination of simple and complex sentences.

Tema 2   La tecnología y el progreso: Integración de ideas (continuación)

Hablar y escuchar

En grupos pequeños, preparen su posición a favor o en contra para debatir sobre el siguiente tema. Deben apoyar su posición citando evidencia de las lecturas.

Lomborg presenta un buen argumento: La forma en que se habla sobre el tema del calentamiento global es exagerada y hace que la gente pierda interés en el problema.

Presentational Speaking Task Rubric

	Score: 1 Does not meet expectations	Score: 3 Meets expectations	Score: 5 Exceeds expectations
Completion of task	Does not complete the task within context of the topic.	Partially completes the task within context of the topic.	Effectively completes the task within context of the topic.
Use of evidence	Student presents no evidence from either selection to support response.	Student presents evidence from only one selection to support response.	Student presents evidence from both selections to support response.
Comprehensibility	Student's ideas are unclear and are difficult to understand.	Student's ideas are somewhat clear and coherent and fairly well understood.	Student's ideas are clear, coherent, and easily understood.
Language use	Very little variation of vocabulary use with many grammatical errors.	Limited usage of vocabulary with some grammatical errors.	Extended use of a variety of vocabulary with very few grammatical errors.

Las mujeres en América Latina y la igualdad de derechos

1   Hay muchas maneras de evaluar el nivel de desarrollo de un país y una sociedad. Podemos medir cuánto produce ese país, cuánto exporta, cuántas escuelas
5   y cuántos hospitales tiene, cuál es el nivel promedio (*average*) de educación de sus habitantes y otras estadísticas (*statistics*) generales. Pero eso no basta. Una manera importante de evaluar una sociedad es
10   analizar el nivel de igualdad de derechos entre hombres y mujeres, determinar si es una sociedad que discrimina a las mujeres o las empodera (*empowers*) con igualdad de derechos. La igualdad de derechos
15   incluye varios aspectos imprescindibles: igualdad política y legal, igualdad económica, igualdad en la educación, igualdad en el desarrollo cultural. Estos cuatro aspectos son más que importantes;
20   son absolutamente necesarios para disfrutar de una verdadera igualdad.

La igualdad política y legal

En los últimos 50 años ha mejorado mucho la situación de los derechos
25   políticos y legales de la mujer en América Latina. Por ejemplo, varios países latinoamericanos han tenido o tienen una mujer como presidente. Isabel Perón gobernó Argentina entre 1974–1976. Fue
30   la primera mujer de América Latina en gobernar un país y una de las primeras en el mundo. Más tarde, le siguieron Violeta Chamorro en Nicaragua en 1990 y Michelle Bachelet en Chile en 2006. Sin embargo, el
35   contexto político no fue siempre tan abierto hacia las mujeres. Durante la primera mitad del siglo XX, las mujeres tuvieron que exigir el acceso al sufragio universal.

La igualdad económica

40   La igualdad económica incluye el derecho de todos a trabajar y ganar dinero. Un informe reciente de la Organización Internacional del Trabajo (OIT) muestra que hoy hay muchas más mujeres que
45   tienen empleo en América Latina. Entre 1970 y 1990, el número de mujeres empleadas subió un 83% en toda América Latina, excepto en el Caribe. Pero el estudio también muestra que en las áreas
50   urbanas el desempleo es mayor entre las mujeres que entre los hombres. ¿Por qué? Es posible que esto sea por discriminación. Otro problema es que hay un bajo nivel de equidad (*equity*); es decir, muchas mujeres
55   trabajan pero no alcanzan puestos altos y ganan menos dinero que los hombres.

La igualdad de derechos incluye varios aspectos imprescindibles: igualdad política y legal, igualdad económica, igualdad en la educación, igualdad en el desarrollo cultural.

La igualdad en la educación

La educación es la clave del éxito en la sociedad moderna. Un estudio
60   del Foro Económico Mundial afirma que la educación ayuda a eliminar la desigualdad de género (*gender*) más rápidamente. Una buena educación permite tener un buen trabajo y participar
65   con éxito en nuestra sociedad. La igualdad de derechos tiene que incluir el derecho de las mujeres a tener la misma oportunidad de acceso a la educación que los hombres

en todos los niveles (educación primaria,
70 secundaria y universitaria). Sin una buena
educación, es difícil obtener un buen
empleo y alcanzar la igualdad económica.
La buena noticia de ese estudio es que en
los últimos 15 años se ha eliminado gran
75 parte de la desigualdad en la educación
en América Latina. Y Nicaragua está entre
los diez países del mundo con menos
desigualdad en la educación.

La igualdad en el desarrollo cultural

80 La cultura contribuye a la riqueza de
un país. Los escritores, los poetas,
los músicos, los pintores de un país
contribuyen a su riqueza. Una sociedad
está más desarrollada cuando hay mujeres

85 que tienen un papel importante en la
cultura. Hace 50 años era más difícil
para las mujeres en América Latina ser
artistas. Hoy en día hay muchas latinas
importantes en el mundo del arte y del
90 espectáculo. Hace poco, la revista *Forbes*
incluyó a tres latinas entre las 100 mujeres
más poderosas del mundo: Shakira,
Jennifer López y Sofía Vergara. Las tres
son figuras culturales y esto demuestra
95 el poder y la influencia que tienen los
referentes culturales en nuestra sociedad
actual. Las tres usan su fama y su
fortuna a favor de causas que benefician
a la sociedad. Esto también demuestra
100 la importancia de la mujer latina en el
progreso de América Latina y del mundo.

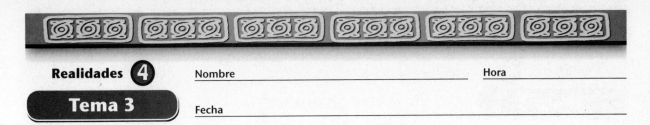

Vocabulario y comprensión

1. **Vocabulario** Contesta las preguntas.

   Parte A: Lee la frase: "La igualdad de derechos incluye varios aspectos imprescindibles". [líneas 14–15] ¿Qué frases dentro del párrafo te ayudan a entender el significado de "imprescindibles"? Escoge **dos** opciones.

   A "más que importantes"

   B "estos cuatro aspectos"

   C "una verdadera igualdad"

   D "absolutamente necesarios"

   Parte B: ¿Qué opción es el sinónimo de "imprescindible"?

   A que impresiona

   B que importa

   C que presencia

   D que es necesario

2. **Ideas clave y detalles** Este texto menciona cuatro categorías de igualdad. Empareja cada una con la definición apropiada.

   1. igualdad política y legal   **3.** igualdad en la educación

   2. igualdad económica   **4.** igualdad en el desarrollo cultural

   _____ **A** acceso a un empleo y a puestos altos con salarios justos

   _____ **B** acceso a desarrollarse como escritora, poeta, música o pintora

   _____ **C** acceso al sufragio universal y a puestos políticos

   _____ **D** acceso al estudio y a la formación intelectual

3. **Composición y estructura** ¿Por qué el autor repite la frase "La igualdad…" en los cuatro subtítulos?

   A porque la palabra "igualdad" no tiene sinónimos y por eso hay que repetirla

   B para que el lector pueda leer este ensayo más rápidamente

   C para enfatizar que la igualdad es el punto principal del ensayo

   D No hay ninguna buena razón para repetir la misma palabra.

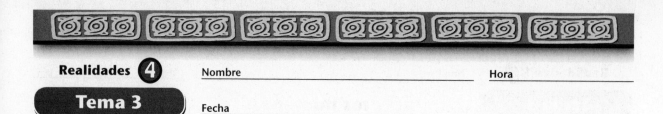
Vocabulario y comprensión (continuación)

4. **Ideas clave y detalles**   Según el texto, ¿cuál es la relación entre la igualdad de acceso a la educación y el resto de los derechos humanos?

   A La educación ofrece la posibilidad de alcanzar la igualdad económica y la igualdad social.

   B La educación a veces no permite que todos los que estudian puedan obtener un buen empleo.

   C La desigualdad en la educación está casi eliminada en América Latina.

   D La educación garantiza el desarrollo cultural de la mujer en el mundo del arte y del espectáculo.

5. **Composición y estructura**   ¿Con qué propósito el autor menciona a mujeres como Sofía Vergara, Jennifer López y Shakira en este artículo? Elige **dos** opciones.

   A para demostrar cómo estas mujeres han tenido que luchar y enfrentar retos para alcanzar igualdad de derechos

   B para dar ejemplos de mujeres famosas del mundo hispano que son conocidas en el mundo entero

   C para demostrar con ejemplos que las mujeres en Latinoamérica han avanzado en la igualdad de derechos en la política

   D para dar ejemplos de mujeres famosas del mundo hispano que han logrado igualdad en el desarrollo cultural

6. **Ideas clave y detalles**   Según el texto, ¿qué se puede decir acerca de los derechos humanos de la mujer en general?

   A Solo las famosas pueden disfrutar de la igualdad de derechos y de oportunidades.

   B La igualdad de género es un aspecto importante para medir el desarrollo de un país.

   C La mayoría de los hombres está en contra de los derechos humanos para las mujeres.

   D La igualdad de derechos para las mujeres es un sueño que nunca se podrá alcanzar.

Realidades ④   Nombre _____   Fecha _____

Tema 3   Los derechos humanos: Lectura 2

Tres líderes mundiales nacidas en América Latina

1   El periódico *El País* realizó una encuesta entre sus lectores para conocer a quiénes ellos consideran las mujeres más importantes de América Latina. Las tres mujeres más importantes que escogieron los lectores son: Michelle Bachelet, presidenta de Chile; Rigoberta Menchú, líder indígena guatemalteca; y Gabriela Mistral, poeta chilena del
5   siglo XX. Veamos por qué.

Michelle Bachelet (Nacida en 1951) Cuando era presidenta de Chile, Bachelet anunció la creación del Museo de la Memoria y los Derechos Humanos para dar a conocer los crímenes y las violaciones a los derechos humanos bajo la dictadura de Augusto
10 Pinochet (1973–1990). Más tarde, Bachelet pasó a las Naciones Unidas (la ONU). Como directora ejecutiva de ONU Mujeres, trabajó para que los gobiernos de todas partes del mundo adopten leyes para reconocer los derechos de las mujeres y combatir la violencia contra las mujeres.

15 **Rigoberta Menchú (Nacida en 1959)** Cuando Menchú era joven, el ejército (*army*) de Guatemala asesinó a su hermano. Su padre murió víctima de la violencia del gobierno durante una marcha pacífica y su madre fue asesinada por paramilitares. A pesar de estas dolorosas pérdidas, Menchú escogió la lucha pacífica. Se
20 convirtió en activista de los derechos de los indígenas. Escribió su autobiografía *Me llamo Rigoberta Menchú* para denunciar las injusticias contra los indígenas. Por su gran labor, en 1992 recibió el Premio Nobel de la Paz.

Gabriela Mistral (1889–1957) Mistral nació en el norte de Chile.
25 Fue maestra y poeta y la primera persona en América Latina en recibir el Premio Nobel de Literatura. Usó su fama para defender los derechos de la mujer y de los pueblos indígenas. Una de sus frases más conocidas es "No olvido mi sangre india". También viajó mucho y defendió los derechos de las mujeres en España y en
30 Estados Unidos. Mistral consideraba que la obligación de todos los intelectuales es construir una sociedad mejor y más justa.

Aunque estas tres figuras son muy diferentes, es interesante que dos de ellas, Bachelet y Menchú, sean figuras de la vida política y social mientras que la tercera, Gabriela Mistral, sea un referente cultural. Más allá de esa diferencia, las tres tienen algo en
35 común: su compromiso con el bienestar de los demás en la sociedad. Y hay que entender que en esta selección de líderes hay un mensaje importante: no son mujeres únicas, sino representativas. Por cada mujer famosa que lucha por la igualdad de derechos, hay millones que luchan sin ser famosas. El periódico concluyó que reconocer a Bachelet, Menchú y Mistral es también reconocer a través de ellas la gran contribución que realizan,
40 año tras año, todas las "mujeres que trabajan en silencio por el desarrollo, la evolución y la creación del continente".

Vocabulario y comprensión

1. **Vocabulario**   Observa la famosa frase de Mistral: "No olvido mi sangre india".
   [línea 28] ¿Qué quiere decir "sangre" en este contexto?

   A su muerte

   B su origen

   C su vida

   D su herida

2. **Vocabulario**   El autor dice que Bachelet, Menchú y Mistral "no son mujeres únicas, sino
   representativas" [líneas 36–37]. ¿Qué quiere decir "representativas" en este contexto?

   A que son representantes de sus gobiernos y sus comunidades

   B que representan los problemas que hay con los derechos en América Latina

   C que representan el trabajo de otras mujeres que no son conocidas

   D que se presentan mucho en público porque son famosas

3. **Composición y estructura**   Según el texto, Rigoberta Menchú y Gabriela Mistral
   recibieron un Premio Nobel. ¿Por qué crees que el autor pensó que era importante
   mencionar este detalle?

   A Significa que las dos mujeres necesitaban ayuda.

   B Indica que la influencia de ellas dos no es solo en América Latina, sino universal.

   C Indica que es muy importante hacerse famoso para poder ayudar a los demás.

   D Indica que el Premio Nobel es muy difícil de obtener.

4. **Ideas clave y detalles**   Vuelve a leer el último párrafo del artículo. ¿Qué quiere decir el
   autor cuando dice "mujeres que trabajan en silencio" [línea 40]?

   A que hay mujeres que realizan su trabajo sin buscar fama ni protagonismo

   B que hay mujeres que prefieren no hablar en público y trabajar sin hacer ruido

   C que hay mujeres que piensan que es mejor no hablar sobre el tema de la desigualdad

   D que las mujeres hacen su trabajo con mucho cuidado sin molestar a los demás

Vocabulario y comprensión (continuación)

5. Ideas clave y detalles   ¿Cuál de estas opciones resume mejor la idea central de este ensayo?

    A Bachelet, Menchú y Mistral son tres mujeres muy diferentes y han realizado contribuciones importantes en el campo de la cultura.

    B El trabajo político es más importante que el trabajo intelectual para obtener la igualdad de derechos y por eso hay que elegir a más mujeres.

    C Michelet, Menchú y Mistral son líderes latinoamericanas que han contribuido a la igualdad de derechos y al bienestar de sus países y del mundo.

    D Es muy difícil luchar por la igualdad de derechos en América Latina, y para poder hacer cambios en la sociedad, lo más importante es ser famoso.

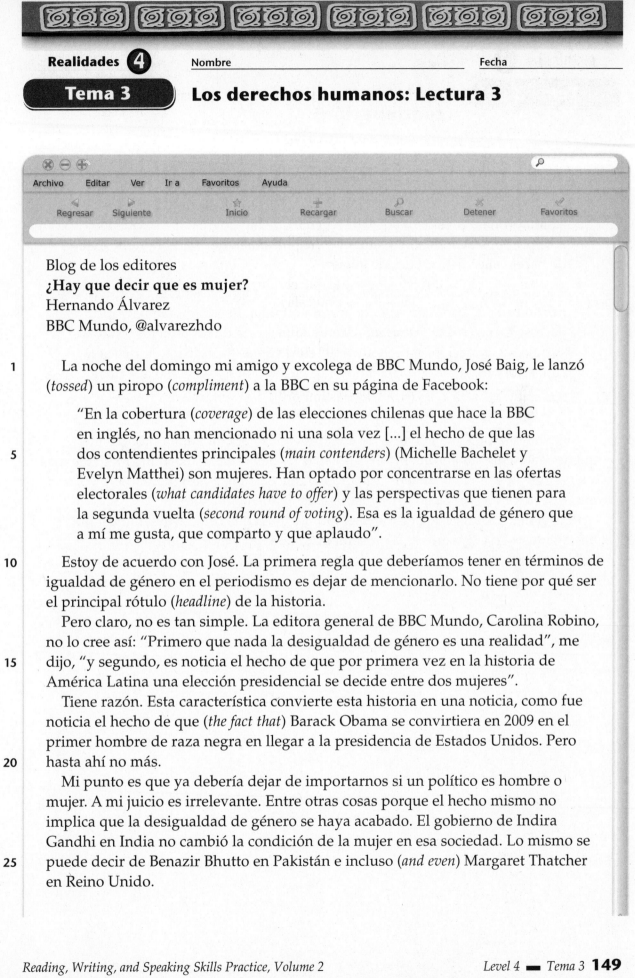

Blog de los editores
¿Hay que decir que es mujer?
Hernando Álvarez
BBC Mundo, @alvarezhdo

1 La noche del domingo mi amigo y excolega de BBC Mundo, José Baig, le lanzó (*tossed*) un piropo (*compliment*) a la BBC en su página de Facebook:

"En la cobertura (*coverage*) de las elecciones chilenas que hace la BBC en inglés, no han mencionado ni una sola vez [...] el hecho de que las
5 dos contendientes principales (*main contenders*) (Michelle Bachelet y Evelyn Matthei) son mujeres. Han optado por concentrarse en las ofertas electorales (*what candidates have to offer*) y las perspectivas que tienen para la segunda vuelta (*second round of voting*). Esa es la igualdad de género que a mí me gusta, que comparto y que aplaudo".

10 Estoy de acuerdo con José. La primera regla que deberíamos tener en términos de igualdad de género en el periodismo es dejar de mencionarlo. No tiene por qué ser el principal rótulo (*headline*) de la historia.

Pero claro, no es tan simple. La editora general de BBC Mundo, Carolina Robino, no lo cree así: "Primero que nada la desigualdad de género es una realidad", me
15 dijo, "y segundo, es noticia el hecho de que por primera vez en la historia de América Latina una elección presidencial se decide entre dos mujeres".

Tiene razón. Esta característica convierte esta historia en una noticia, como fue noticia el hecho de que (*the fact that*) Barack Obama se convirtiera en 2009 en el primer hombre de raza negra en llegar a la presidencia de Estados Unidos. Pero
20 hasta ahí no más.

Mi punto es que ya debería dejar de importarnos si un político es hombre o mujer. A mi juicio es irrelevante. Entre otras cosas porque el hecho mismo no implica que la desigualdad de género se haya acabado. El gobierno de Indira Gandhi en India no cambió la condición de la mujer en esa sociedad. Lo mismo se
25 puede decir de Benazir Bhutto en Pakistán e incluso (*and even*) Margaret Thatcher en Reino Unido.

Los derechos humanos: Lectura 3 (continuación)

Pero curiosamente Michelle Bachelet no está de acuerdo. En marzo de 2010 cuando estaba por finalizar su mandato como presidenta de Chile, Valeria Perasso la entrevistó y se lo preguntó de la siguiente manera:

30 Como primera presidenta de Chile, ¿cree que hay logros que se pueden atribuir por su condición de mujer o cree más bien que ya es hora de dejar de hacer estas distinciones de género?

"Yo siempre he dicho y pensado que a las presidentas deberían evaluarlas por su función como presidente, no como mujer. Pero también hay que
35 hacerse cargo (*take into account*) de que la mayoría de las mujeres todavía sufre discriminación, sobre todo en algunas áreas específicas en relación con las oportunidades de los hombres. Por lo tanto yo no creo que haya que dejar de hablar de la perspectiva de género hasta que no se logre una real equidad e igualdad de oportunidades… ".

40 Así piensa también la mayoría de mujeres con las que trabajo. Entonces me quedo realmente sin argumentos y sin ganas de debatir, porque al final les creo más a ellas que a mí. Son las mujeres las que sienten y viven la desigualdad, no yo, por más que la acepte nunca la experimentaré de la misma manera.

Pero sí me gustaría que llegara ya el momento en que nunca tuviéramos que
45 hacer énfasis en el género de la persona de la que hablamos. ¿Qué creen?

Realidades ④

Tema 3

Nombre _____ Hora _____

Fecha _____

Vocabulario y comprensión

1. **Vocabulario**   Lee la siguiente oración: "A mi juicio es irrelevante". [línea 22] ¿Qué quiere decir "a mi juicio" en esta frase?

   A según mi imaginación

   B según el juez

   C en mi opinión

   D por mi culpa

2. **Composición y estructura**   El autor usa una pregunta en el título ("¿Hay que decir que es mujer?") y termina su artículo con otra pregunta, diciendo "¿Qué creen?". Determina por qué el autor habrá utilizado esta técnica.

   A El autor tiene muchas preguntas pero no tiene respuestas.

   B El autor necesita información y no sabe dónde encontrarla, por eso pregunta.

   C Las preguntas son una invitación para que otros lectores den su opinión en su blog.

   D A los autores les gusta poner preguntas en sus textos para sonar más interesantes.

3. **Ideas clave y detalles**   Contesta las preguntas.

   Parte A: Lee la cita completa de Bachelet: "Yo siempre he dicho y pensado que…". [líneas 33–39] ¿Qué implica su respuesta con respecto a la situación de los derechos de la mujer?

   A que es mejor no hablar nunca de la desigualdad de género, ya sea que exista o no

   B que la desigualdad se ha terminado y por lo tanto no es necesario mencionarla

   C que la desigualdad de género todavía existe y por lo tanto hay que hablar sobre ello

   D que para mejorar la situación de la mujer es mejor no mencionar el problema

   Parte B: Según tu respuesta en la parte A, indica cuál sería una respuesta apropiada de Bachelet al periodista José Baig por su comentario sobre el modo en que se realizó la cobertura de las elecciones en Chile.

   A "Estoy de acuerdo contigo. Gracias por tu comentario cariñoso y por apoyar a las mujeres en la lucha por la igualdad de derechos".

   B "Tu comentario machista es una falta de respeto que no puedo tolerar. ¡Basta ya de tanta injusticia!"

   C "No me importa lo que tengas que decir. Tu opinión no cuenta. Solo escucho las opiniones de otras mujeres".

   D "Gracias, pero no estoy de acuerdo. Creo que debemos seguir hablando del problema hasta que las mujeres logremos la igualdad".

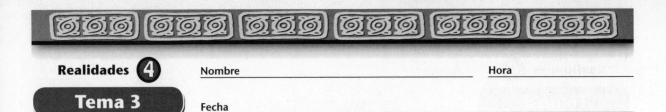

Vocabulario y comprensión (continuación)

4. **Ideas clave y detalles** ¿Por qué el autor compara la noticia de que hubo dos mujeres candidatas a la presidencia de Chile con la noticia del triunfo de Barack Obama?

   A porque es la primera vez que un hombre de raza negra accede a un puesto importante en los Estados Unidos

   B porque en ambos casos es la primera vez que una persona de una minoría o grupo subordinado accede a la presidencia de su país

   C porque el periodista quiere demostrar que está al tanto de las noticias internacionales

   D porque es muy poco común que las mujeres sean candidatas a la presidencia de un país

5. **Ideas clave y detalles** ¿Cuál de estas opciones resume mejor la idea principal de este artículo?

   A Se debate si hablar de la desigualdad entre los géneros contribuye o no a la lucha por la igualdad de derechos de la mujer.

   B Se debate si los hombres deben o no opinar sobre la igualdad de derechos entre los géneros.

   C Se debate si se debe criticar a las mujeres que son presidentas de la misma manera que se critica a los hombres que son presidentes.

   D Se debate si las mujeres piensan igual que los hombres en relación con la igualdad de derechos.

Los derechos humanos: Integración de ideas

Escribir

Analiza la información presentada en cada lectura. ¿Qué comparaciones puedes hacer entre la situación de las mujeres en América Latina y las mujeres en Estados Unidos? Escribe un ensayo usando evidencia de las tres lecturas para apoyar tu punto de vista.

_____

_____

_____

_____

_____

_____

_____

_____

_____

Writing Task Rubric

	Score: 1 Does not meet expectations	Score: 3 Meets expectations	Score: 5 Exceeds expectations
Completion of task	Does not complete the task within context of the topic.	Partially completes the task within context of the topic.	Effectively completes the task within context of the topic.
Use of evidence	Student presents no evidence from the selections to support response.	Student presents evidence from only two selections to support response.	Student presents evidence from all three selections to support response.
Comprehensibility	Student's ideas are unclear and are difficult to understand.	Student's ideas are somewhat clear and coherent and fairly well understood.	Student's ideas are clear, coherent, and easily understood.
Language use	Very little variation of vocabulary use with many grammatical errors.	Limited usage of vocabulary with some grammatical errors.	Extended use of a variety of vocabulary with very few grammatical errors.
Fluency	Uses simple sentences or fragments.	Uses complete but simple sentences.	Uses a combination of simple and complex sentences.

Tema 3 　Los derechos humanos: Integración de ideas (continuación)

Hablar y escuchar

Según la situación de las mujeres en América Latina y los avances que algunas mujeres, como Bachelet, Menchú y Mistral, han logrado, ¿crees que la posición del periodista José Baig en la lectura 3 puede ayudar a mejorar la situación de la desigualdad de género? En grupos pequeños, preparen su posición a favor o en contra para debatir sobre este tema. Deben apoyar su posición con evidencia de las lecturas.

Presentational Speaking Task Rubric

	Score: 1 **Does not meet expectations**	Score: 3 **Meets expectations**	Score: 5 **Exceeds expectations**
Completion of task	Does not complete the task within context of the topic.	Partially completes the task within context of the topic.	Effectively completes the task within context of the topic.
Use of evidence	Student presents no evidence from the selections to support response.	Student presents evidence from only two selections to support response.	Student presents evidence from all three selections to support response.
Comprehensibility	Student's ideas are unclear and difficult to understand.	Student's ideas are somewhat clear and coherent and fairly well understood.	Student's ideas are clear, coherent, and easily understood.
Language use	Very little variation of vocabulary use with many grammatical errors.	Limited usage of vocabulary with some grammatical errors.	Extended use of a variety of vocabulary with very few grammatical errors.

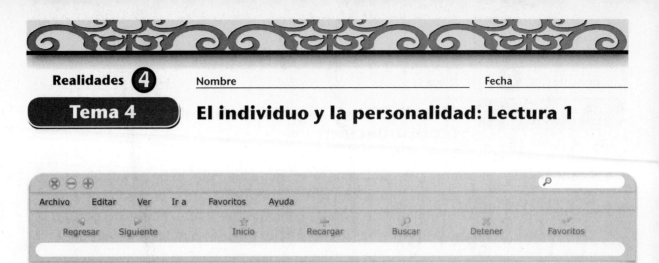

Tu perfil en las redes sociales

1   Lo primero que miramos al entrar en una red social son generalmente las fotos de los usuarios (*users*). Inmediatamente después leemos sobre su personalidad e intereses. De la misma manera, otros usuarios estudian nuestro perfil, especialmente las personas que nos pueden dar trabajo.

5   Para que las redes sociales sirvan para ver qué personas son compatibles con otras, el secreto es ser honesto y poner información real, que nos describa tal cual (*just like*) somos. Aunque para algunas personas existe una tendencia de agregar cualidades o mentir un poquito para mejorar su imagen, una investigación reciente indica que por lo general no hay grandes diferencias entre lo que se publica y 10   la personalidad real. Según un artículo publicado en la revista *Cyberpsychology, behavior, and social networks, el* Dr. Samuel Gosling de la Universidad de Texas realizó estudios que comparan la personalidad descrita en los perfiles con el verdadero carácter del individuo y llegó a la conclusión de que hay muchas coincidencias en ambas descripciones. Quienes se presentan como extrovertidos, 15   también lo son en la vida real; y lo mismo ocurre con los graciosos, los groseros y los malvados. De esa manera, Gosling concluye que prácticamente no hay barreras entre la vida real y la vida virtual. Es decir que, para Gosling, podemos confiar en la información de las redes sociales.

  La honestidad es fundamental, sobre todo si tenemos en cuenta que a la hora 20   de buscar trabajo, muchos empleadores (*employers*) van más allá de analizar el tradicional currículum y entran a las redes sociales para comparar la información que los candidatos les han dado. Nos acostumbramos a publicar tantas fotos, comentarios, chistes (*jokes*) y anécdotas que es imposible ocultar nuestra verdadera personalidad. Con solo pasar cinco minutos revisando nuestro perfil, un empleador 25   puede saber si somos buenos candidatos para su compañía y ver si somos apasionados, agresivos o amigables (*friendly*). Por eso, no debemos olvidar que las redes sociales son una verdadera ventana donde nos exponemos las 24 horas.

  Los psicólogos de Recursos Humanos opinan que debe haber coherencia entre las fotos que publicamos, el nombre o apodo que utilizamos y los comentarios 30   que hacemos. De estos tres elementos, las fotos son las que más nos pueden comprometer. Es muy común publicar fotos tan pronto como llegamos de unas

vacaciones espectaculares, para jactarnos (*brag*) de lo bien que lo pasamos. Sin embargo, muchas de esas fotos pueden mostrar conductas que si bien son comunes, pueden generar una opinión negativa en las personas que evalúan nuestro perfil.

35   Para concluir, debemos aprovechar los beneficios que nos dan las redes sociales, mostrándonos como somos pero sin olvidar que hay millones de personas que nos están viendo, como por ejemplo, nuestro posible futuro jefe.

Vocabulario y comprensión

1. **Vocabulario**   Lee la oración: "Nos acostumbramos a publicar tantas fotos, comentarios, chistes y anécdotas, que es imposible ocultar nuestra verdadera personalidad". [líneas 22–24]. ¿Cuál es el sinónimo apropiado de "ocultar"?

   A alterar

   B esconder

   C explicar

   D publicar

2. **Vocabulario**   El autor compara las redes sociales con una ventana: "Por eso, no debemos olvidar que las redes sociales son una verdadera ventana donde nos exponemos las 24 horas". [líneas 26–27] ¿A qué se refiere "ventana" en este contexto?

   A Las redes sociales no permiten que las personas interactúen.

   B Las redes sociales sirven para planear actividades al aire libre.

   C Al publicar información en las redes sociales, perdemos privacidad.

   D La mayor parte de la información de las redes sociales es falsa.

3. **Composición y estructura**   Identifica cuál de las siguientes frases de la lectura refleja la opinión del autor sobre cómo debemos utilizar las redes sociales.

   A "la honestidad es fundamental"

   B "una tendencia de agregar cualidades"

   C "ver si somos apasionados, agresivos..."

   D "generar una opinión negativa"

4. **Ideas clave y detalles**   Según el artículo, ¿por qué le puede resultar interesante a un empleador informarse sobre las conclusiones del estudio de Gosling?

   A Generalmente, el perfil virtual y la personalidad real de las personas son opuestos.

   B A los empleadores les interesa contratar a personas con perfiles graciosos.

   C Las personas agresivas no ocultan su agresividad y esta información es importante para los futuros empleadores.

   D La información publicada en las redes sociales revela cómo es la persona en la vida real.

Vocabulario y comprensión (continuación)

5. **Composición y estructura**   ¿Cuál es el punto de vista del autor con respecto a la posibilidad de que futuros empleadores vean nuestro perfil?

   A Piensa que los empleadores deben tener cinco minutos de charla virtual con los candidatos.

   B Cree que debemos publicar muchas fotos para mostrar nuestras características físicas.

   C Cree que no debemos publicar información que pueda tener efectos negativos en las personas que miran nuestro perfil.

   D Piensa que es bueno invitar a los encargados de Recursos Humanos a leer el perfil de los futuros candidatos.

6. **Ideas clave y detalles**   ¿Qué opción resume mejor la idea principal de la lectura?

   A Las fotos de vacaciones que publican nuestros amigos en Internet no muestran nuestro verdadero carácter y esto puede comprometernos cuando buscamos trabajo.

   B La información personal publicada en las redes sociales muestra nuestra verdadera personalidad y esto puede ser útil para los empleadores.

   C La información falsa que se encuentra en las redes sociales es más interesante que la verdadera.

   D Muchas empresas y empleadores no prestan atención a la información publicada en las redes sociales porque piensan que es falsa.

¿La imagen es todo?

1 Estudio afirma que la foto de perfil de
Facebook vale más que todo el contenido
(*content*). Para los usuarios de las redes
sociales, solo falta ver la foto principal para
5 formarse una impresión de una persona,
sin que los demás datos sean necesarios.

Según una investigación de la
Universidad de Ohio en EE.UU., los
usuarios de Facebook se forman juicios
10 (*judgements*) sobre los perfiles de sus
amigos basándose solo en las fotografías
y sin leer el texto adjunto. Inclusive
(*Even*) en muchos casos, solo se juzga
a la persona por la foto principal, sin
15 hacer caso de los otros datos disponibles
(*available*).

El trabajo fue realizado por el profesor
Brandon Van Der Heide, quien pidió
a 195 alumnos de la casa de estudios
20 que miraran cierta cantidad de perfiles
simulados junto a la información
disponible y dieran su opinión acerca de
la persona, calificando en una escala de 1
a 7 lo extrovertida que les parecía.
25 Según se comprobó, los usuarios
que aparecían con sus amigos fueron
considerados como los más extrovertidos,
incluso si su perfil y sus datos afirmaban
todo lo contrario. Sin embargo, cuando un
30 usuario aparecía solo, era descrito como
alguien introvertido, independientemente
si sus datos mencionaban que se trataba de
alguien sociable y amistoso.

"Si la foto de perfil corresponde a lo que
35 se espera, es muy poco probable que el

usuario se dedique a examinar el resto del
perfil, solo porque ya decidió qué pensar
de ti", afirmó Brandon Van Der Heide.

Pero, ¿qué ocurre cuando la foto de
40 perfil no corresponde a la del usuario,
o bien es una poco convencional? En
este caso, el investigador afirma que el
visitante analiza los aspectos negativos o
positivos de la foto para hacerse una idea
45 del usuario, y si no queda satisfecho, en
ese caso se dedicará a revisar el resto del
perfil para obtener más datos antes de
hacerse una impresión final.

Además, el experto mencionó que
50 aunque el estudio fue realizado en base a
Facebook, también puede ser extendido
a las demás redes sociales. El aspecto
positivo de la investigación se relaciona
con la búsqueda (*search*) de empleo, ya
55 que mientras más empresas sigan la
tendencia a revisar los perfiles antes de
contratar (*hire*), los usuarios tendrán más
cuidado en elegir su foto principal.

Vocabulario y comprensión

1. **Vocabulario**   El autor afirma que "se juzga" [línea 13] a la persona por la foto principal. ¿Qué quiere decir esta expresión?

   A Se forma una opinión.

   B Se la envía al juez.

   C Se ignora la apariencia.

   D Se solicita más información.

2. **Vocabulario**   Identifica un sinónimo de "casa de estudios" [línea 19] que el autor usa en la lectura.

   A contenido

   B empresas

   C investigación

   D universidad

3. **Vocabulario**   Lee la siguiente oración: "Pero, ¿qué ocurre cuando la foto de perfil no corresponde a la del usuario, o bien es una poco convencional?" [líneas 39–41] ¿Qué significa la frase "es una poco convencional" en relación con la foto?

   A Es una foto pequeña.

   B Es una foto no muy común.

   C Es una foto con poca gente.

   D Es una foto normal.

4. **Ideas clave y detalles**   Según el profesor Van Der Heide, la mejor manera de asegurar que la gente lea todo tu perfil es usar una foto que...

   A no muestre de manera obvia lo que comúnmente se espera.

   B sea la típica cara sonriendo o cara seria.

   C no sea de ti sino de algún objeto o de un animal.

   D muestre que eres alguien extrovertido y amigable.

Vocabulario y comprensión (continuación)

5. **Ideas clave y detalles**   Según lo que dice el autor en el último párrafo, ¿qué consejo le darías a un estudiante que busca trabajo y que tiene cuentas en distintas redes sociales?

   A que agregue todas las fotos que pueda

   B que elija fotos divertidas en las que esté en fiestas con amigos

   C que revise las fotos de perfil de sus redes sociales y que elimine las inapropiadas

   D que borre su foto de perfil

6. **Ideas clave y detalles**   ¿Cuál es la idea principal de esta selección sobre redes sociales?

   A Hay que tener balance entre las fotos y la información que se publican en los perfiles.

   B Es necesario mantener un balance entre las fotos y los comentarios que se publican.

   C Para muchos usuarios, la foto del perfil es más importante que el resto de la información.

   D Las fotos del perfil no muestran la personalidad real del usuario que las publica.

7. **Integración de conocimientos**   Según lo que leíste en la lectura 1, ¿qué idea tienen en común ambas lecturas?

   A La imagen física no importa si eres una persona honesta.

   B Las fotos de vacaciones son las que más despiertan curiosidad en los perfiles.

   C Si buscas empleo, es mejor que no pongas ninguna foto en el perfil.

   D Las fotos en las redes sociales son cruciales a la hora de buscar empleo.

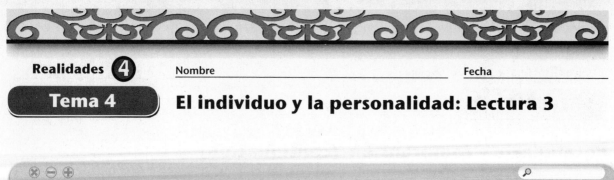
Archivo   Editar   Ver   Ir a   Favoritos   Ayuda

Regresar   Siguiente   Inicio   Recargar   Buscar   Detener   Favoritos

10 tipos de personalidad en redes sociales

1   Tu perfil en redes sociales puede decir mucho sobre ti, pero las acciones que realices en tu cuenta también. ¿Realmente refleja lo que eres? Busca tu personalidad y vótala.

1. Criticón

5   Sus comentarios en las publicaciones de los demás siempre son críticas y negativas, y el sarcasmo es su mejor aliado.

2. Cotilla

Su principal actividad en las redes sociales es fisgonear (*snoop around*) en las cuentas de los demás y casi nunca publica nada sobre sí mismo.

3. Simpático

10   Aquel que ponga lo que ponga siempre dice '¡qué majo (*nice*)!'. Con sus publicaciones trata de ser agradable con todo el mundo.

4. Ciclotímico

Su perfil de redes sociales es como una montaña rusa (*rollercoaster*), va
15   cambiando de estado constantemente y con brusquedad (*abruptly*), pasa de la euforia a la depresión en menos de lo que canta un gallo (*quick as a wink*).

5. Padrazo, madraza

Los papás obsesionados con sus hijos, que piensan que los suyos son los únicos niños que hacen cosas graciosas o divertidas, que son los más guapos, los más
20   listos (*smart*)...

6. Misterioso

Sus publicaciones son un tanto vagas y difusas, con la intención de crear misterio y preguntas en torno a (*around*) ellas. ¡Las reacciones son de todo tipo!

7. El político

25   La mayoría de las publicaciones de su perfil, sus *likes* y retweets son sobre temas políticos.

8. Presumido

Sube una foto suya, y otra, y otra, y otra, y otra... Solo sabe hablar de sí mismo, eso sí, siempre con humildad para esconder su egocentrismo.

30 ### 9. *Spoiler*

Es el típico que siempre publica el final de una película o una serie. ¡Es mejor no pasar por su perfil!

10. Extrovertido

Prácticamente toda su vida privada se puede ver y conocer a través de sus redes 35 sociales, ¡publica todo tipo de información en su perfil!

Vocabulario y comprensión

1. **Vocabulario**   Lee la personalidad número 2 [línea 7]. Según el texto, ¿qué actividades hace una persona "cotilla"?

   A Copia la información que lee.

   B Tiene una participación activa en la red social.

   C Contacta a otros usuarios.

   D Mira o busca información de otras personas.

2. **Composición y estructura**   En la descripción de la personalidad número 4 [línea 13], el autor usa la frase "montaña rusa". ¿Por qué el autor utiliza esta expresión para describir a una persona ciclotímica?

   A porque una persona ciclotímica cambia de estado de ánimo para divertirse

   B porque una persona ciclotímica cambia de estado de ánimo rápidamente

   C porque a una persona ciclotímica le gusta ir a los parques de diversiones

   D porque una persona ciclotímica prefiere los animales más que los parques de atracciones

3. **Composición y estructura**   ¿Cuál es la intención del autor al dividir esta lectura en diez secciones?

   A explicar las diez personalidades principales que se encuentran en todos los seres humanos

   B clasificar del uno al diez para mostrar que hay más criticones que extrovertidos

   C indicar que los usuarios generalmente usan diez redes sociales distintas

   D informar que podemos encontrar diez tipos de personalidades en las redes sociales

4. **Ideas clave y detalles**   ¿Cuál es la idea principal que el autor de esta lectura nos quiere comunicar?

   A Los simpáticos son los mejores candidatos para cualquier empleo.

   B Lo que hacemos en las redes sociales dice tanto sobre nosotros como nuestro perfil.

   C No debemos usar las redes sociales para criticar libros y películas.

   D Los extrovertidos y los presumidos son los perfiles más comunes.

Vocabulario y comprensión (continuación)

5. Integración de conocimientos Según las primeras dos lecturas, ¿qué se puede inferir sobre un posible aspecto negativo de ser un #10 (extrovertido) a la hora de buscar trabajo?

   A Los empleadores pueden acceder a toda la información personal que esa persona publica.

   B Los empleadores de hoy no quieren contratar a personas que usan las redes sociales.

   C Los empleadores prefieren contratar a personas presumidas porque publican más fotos.

   D Los empleadores no confían en la información que los extrovertidos publican en sus perfiles.

El individuo y la personalidad: Integración de ideas

Escribir

Piensa en una o dos personas que conoces bien y que pertenecen a redes sociales. Luego, escribe un breve ensayo explicando si los perfiles de estas personas y la información que publican (comentarios, fotos, artículos, etc.) coinciden o no con su verdadera personalidad. Defiende tu posición con detalles y ejemplos que apoyen u objeten (*refute*) la información presentada en los tres artículos.

_____

_____

_____

_____

_____

_____

_____

_____

_____

Writing Task Rubric

	Score: 1 Does not meet expectations	Score: 3 Meets expectations	Score: 5 Exceeds expectations
Completion of task	Does not complete the task within context of the topic.	Partially completes the task within context of the topic.	Effectively completes the task within context of the topic.
Use of evidence	Student presents no evidence from the selections to support response.	Student presents evidence from only two selections to support response.	Student presents evidence from all three selections to support response.
Comprehensibility	Student's ideas are unclear and difficult to understand.	Student's ideas are somewhat clear and coherent and fairly well understood.	Student's ideas are clear, coherent, and easily understood.
Language use	Very little variation of vocabulary use with many grammatical errors.	Limited usage of vocabulary with some grammatical errors.	Extended use of a variety of vocabulary with very few grammatical errors.
Fluency	Uses simple sentences or fragments.	Uses complete but simple sentences.	Uses a combination of simple and complex sentences.

Tema 4 El individuo y la personalidad: Integración de ideas (continuación)

Hablar y escuchar

En grupos pequeños, preparen una presentación sobre una lista de consejos para darle a un joven que busca trabajo y que pertenece a una o más redes sociales. Los consejos deben tener en cuenta: 1) la información que debe poner en el perfil, 2) la foto principal y otras fotos que puede usar, y 3) el estilo de los comentarios que debe publicar. Deben justificar sus recomendaciones con información de las lecturas.

Presentational Speaking Task Rubric

	Score: 1 Does not meet expectations	Score: 3 Meets expectations	Score: 5 Exceeds expectations
Completion of task	Does not complete the task within context of the topic.	Partially completes the task within context of the topic.	Effectively completes the task within context of the topic.
Use of evidence	Student presents no evidence from the selections to support response.	Student presents evidence from only two selections to support response.	Student presents evidence from all three selections to support response.
Comprehensibility	Student's ideas are unclear and difficult to understand.	Student's ideas are somewhat clear and coherent and fairly well understood.	Student's ideas are clear, coherent, and easily understood.
Language use	Very little variation of vocabulary use with many grammatical errors.	Limited usage of vocabulary with some grammatical errors.	Extended use of a variety of vocabulary with very few grammatical errors.

Las relaciones personales: Lectura 1

El lenguaje corporal

1   Dicen que las acciones hablan más que las palabras. De hecho, ¿sabías que la mayoría de la comunicación es el resultado de nuestro lenguaje corporal y no de lo que decimos?

5   El lenguaje corporal es una forma consciente o inconsciente en la que nos comunicamos con el cuerpo cuando nos dirigimos a otras personas. En efecto, el lenguaje corporal es tan importante que en nuestras expresiones idiomáticas tenemos frases que describen ciertos gestos físicos. Por ejemplo, la frase "en un abrir y cerrar de ojos" implica que algo sucedió rápidamente.

Algunos expertos de la comunicación señalan que solo un pequeño porcentaje 10   de la comunicación es verbal, mientras que un gran porcentaje sucede a través del lenguaje corporal. Según algunos expertos, hay cuatro factores claves para la comunicación corporal: la postura, las expresiones faciales, el contacto visual y los gestos.

La postura es la forma en la que uno se para o se sienta. Por ejemplo, una 15   persona que camina o se sienta erecta, con la espalda no curvada, comunica que se siente segura de sí misma. Pero una persona con la espalda doblada puede comunicar falta de interés, un estado emocional depresivo, o inseguridad. Si una persona está sentada y continuamente está cambiando de posición, a lo mejor está expresando que está aburrida o angustiada.

20   Las expresiones faciales, se dice, son un libro de lo que sucede en la mente. Por eso, muchas veces, nuestra cara revela lo que realmente sentimos, aunque estemos comunicando lo contrario con palabras. Es decir, la cara le dice al receptor de nuestro mensaje qué es lo que realmente estamos sintiendo. Por ejemplo, si alguien le pregunta a una persona que está enojada si está bien, esta persona puede 25   responder "sí, estoy bien" pero su cara manifiesta que no lo está mediante gestos como fruncir el ceño (*frown*) o morderse (*bite*) los labios. También muchas veces las expresiones faciales que son exageradas pueden comunicar falsedad. Si estás fingiendo interés en una conversación, es posible que la otra persona se dé cuenta muy fácilmente.

30   El contacto visual es de vital importancia ya que si una persona puede mantener contacto visual, indica que es honesto; y si evita el contacto visual, se puede interpretar como si estuviera mintiendo. Claro, este factor es muy relativo ya que

Las relaciones personales: Lectura 1 (continuación)

35 depende mucho del contexto cultural. Por ejemplo, en algunos países como China y Japón, si un joven mira directamente a los ojos de una persona mayor, esto se puede interpretar como un desafío (*challenge*) o falta de respeto, no como una señal de honestidad.

Los gestos, o sea el movimiento de diversas partes del cuerpo, especialmente las manos y la cara, son formas de comunicación. Al igual que el contacto visual, tienen interpretaciones que son específicas a ciertas culturas. Por ejemplo, en
40 algunos países apuntar con el dedo puede ser una falta de respeto, mientras que en otros indica una forma de enfatizar un punto. Otros gestos, como levantar y mover la mano de un lado a otro son más universales y simplemente comunican un saludo o despedida.

Es muy importante estar consciente de cómo nuestras expresiones corporales se
45 pueden interpretar, porque generan percepciones en los demás y pueden servir de herramienta (*tool*) para lograr una mejor comunicación. Saber cómo usar el lenguaje corporal ayuda a facilitar el entendimiento y a captar y dirigir la atención de la persona que recibe el mensaje.

Vocabulario y comprensión

1. Vocabulario   ¿Cuál de estas definiciones **NO** describe lo que es el lenguaje corporal?

   A una forma de comunicación con las manos

   B una forma de comunicación con los ojos

   C una forma de comunicación con el cuerpo

   D una forma de comunicación con palabras

2. Vocabulario   Contesta las preguntas.

Parte A: Lee la oración: "Por ejemplo, una persona que camina o se sienta erecta, con la espalda no curvada, comunica que se siente segura de sí misma." [líneas 14–16] ¿Qué significado le da la autora a la palabra "erecta"?

   A doblado

   B derecho

   C curvado

   D sentado

Parte B: Vuelve a leer el párrafo completo donde se encuentra la oración de la parte A. ¿Con qué propósito usa el autor distintos ejemplos?

   A para indicar que la postura puede comunicar ciertos significados

   B para indicar que la postura siempre comunica interés

   C para indicar cómo estar siempre cambiando de posición indica aburrimiento

   D para indicar un estado emocional alegre

3. Composición y estructura   ¿Por qué el autor usa el ejemplo de que en algunos países, como China o Japón, mirar a los ojos se puede interpretar como una falta de respeto?

   A Quiere indicar que es muy importante aprender sobre el lenguaje corporal.

   B Quiere indicar que no hay diferencia entre una cultura y otra.

   C Quiere indicar que es muy difícil saber qué quiere decir algo en una cultura que no es la nuestra.

   D Quiere demostrar que el lenguaje corporal varía según las culturas.

Vocabulario y comprensión (continuación)

4. **Ideas clave y detalles**   Según los expertos mencionados en el tercer párrafo del texto, ¿cuál de las observaciones sobre la comunicación es cierta?

   A La comunicación oral es la más expresiva.

   B Las palabras son más importantes que los gestos en una conversación.

   C El lenguaje corporal es un componente importante en la comunicación oral.

   D Los hablantes prestan poca atención a los gestos.

5. **Ideas clave y detalles**   Según la lectura, ¿cuál de estos aspectos de una persona **NO** se puede interpretar en una conversación cara a cara?

   A la historia de una persona

   B la honestidad de una persona

   C la autoestima de una persona

   D el estado emocional de una persona

La tecnología y la comunicación

1 En las últimas dos décadas la tecnología ha transformado la comunicación, haciéndola cada vez más variada. Los avances en la tecnología de comunicación han creado una explosión en las formas en las que podemos comunicarnos unos con otros: el teléfono celular, el correo electrónico, el mensaje de texto, el video chat, los
5 blogs, aplicaciones de mensajes instantáneos y las redes sociales como Facebook y Twitter®. De cierta forma, estas tecnologías han producido una sensación generalizada de sobrecarga de información porque hacen que *siempre* estemos conectados.

Otra de las consecuencias de estas nuevas formas de comunicación es que han traído grandes cambios en nuestra forma de expresar nuestros estados emocionales.
10 Por ejemplo, para algunas personas, los correos electrónicos y los mensajes de texto pueden ser emocionalmente ambiguos porque no contienen señales visuales o entonación de voz que nos ayudan a interpretar las intenciones o emociones verdaderas que acompañan a las palabras. Y, por lo tanto, esto a veces puede provocar que se malinterpreten los mensajes que intentamos comunicar, como por ejemplo
15 cuando enviamos un mensaje de texto para pedir disculpas o para hacer las paces.

Para resolver estos problemas de la comunicación escrita, se inventó el emoticón, un ícono emocional que nos permite expresar emociones o estados de ánimo que normalmente comunicaríamos con nuestro lenguaje corporal y con la voz. Existen muchos tipos de emoticones para expresar todo tipo de estados emotivos desde
20 felicidad hasta enojo. Por ejemplo, el símbolo "☺" o " :-)" se ha convertido en una señal universal de felicidad, mientras que "☹" o " :-(" es el símbolo para mostrar tristeza. El uso del emoticón también ayuda a enfatizar las palabras del mensaje. Por ejemplo, si quieres felicitar a un amigo por una buena noticia que te da vía chat, el siguiente mensaje: "¡Te felicito! ☺☺" es mucho más emotivo, es decir que expresa
25 "más felicidad" que si le respondieras con un simple "Te felicito". Con este último mensaje, tu amigo bien se podría preguntar si estás realmente feliz, o si más bien estás molesto o celoso.

Desafortunadamente esta solución también ha provocado otro problema: en algunos casos, el emoticón también se usa como forma de expresar un estado
30 emocional falso. Por ejemplo, si tu amiga está enojada, puede mandarte un correo electrónico o mensaje de texto con un tono un poco agresivo y al final incluir una carita feliz. Esta contradicción entre el mensaje escrito y el ícono emocional neutraliza el mensaje agresivo, y en cierta forma causa que el mensaje sea ambiguo y te confunda. En este caso esa carita feliz también se puede interpretar como
35 una forma de sarcasmo o intento de esconder una emoción negativa sobre lo que expresa el mensaje. Este uso del emoticón puede ser negativo porque solo complica la comunicación entre las personas. Puede producir malentendidos fácilmente y generar molestia.

    Se supone que los emoticones se inventaron para reemplazar al lenguaje corporal en
40 nuestras conversaciones virtuales, pero en realidad son declaraciones emocionales que
pueden meternos en grandes problemas de comunicación si se usan para manipular
nuestras verdaderas intenciones.

Los emoticones más usados:

:)   feliz

;)   guiñar un ojo

:(triste

:-\   enojado

:*   besos

<3 corazón

Vocabulario y comprensión

1. **Vocabulario**   Lee la oración: "Los avances en la tecnología de comunicación han creado una explosión en las formas en las que podemos comunicarnos unos con otros: el teléfono celular, el correo electrónico, el mensaje de texto, el video chat, los blogs, aplicaciones de mensajes instantáneos y las redes sociales como Facebook y Twitter®". [líneas 2–6]. ¿Qué quiere decir la palabra "explosión" en este contexto?

   A un aumento

   B una bomba

   C una falta

   D una técnica

2. **Composición y estructura**   La autora habla de "una sensación generalizada de la sobrecarga de información". [líneas 6–7] ¿Qué quiere decir la autora con esa expresión?

   A En la vida, siempre cargamos un poco de información.

   B La información sobre la comunicación es general hoy en día.

   C En general, comunicamos las sensaciones que tenemos.

   D A veces sentimos que hay demasiada información en nuestra vida.

3. **Composición y estructura**   Lee el párrafo 3 de nuevo. ¿Con qué propósito el autor incluye el ejemplo de los mensajes "¡Te felicito!☺ ☺" [línea 24] y "Te felicito" [línea 25]?

   A para comunicar que la persona que escribe el mensaje está emocionada

   B para mostrar cómo puede haber malentendidos en los mensajes con el mismo ícono

   C para enfatizar cómo los emoticones pueden reforzar la idea del mensaje

   D para dar un ejemplo de un mensaje ambiguo y contradictorio

4. **Ideas clave y detalles**   En el texto, la autora sugiere que la comunicación cara a cara tiene una ventaja frente a la comunicación por medio de mensajes escritos. ¿A qué ventaja se refiere?

   A que en la comunicación cara a cara las emociones pueden ser más fáciles de ocultar

   B que en la comunicación cara a cara el lenguaje del cuerpo y la voz ayudan a interpretar el mensaje

   C que en la comunicación, siempre es más fácil interpretar el significado por medio de la palabra escrita

   D que es probable que la comunicación cara a cara sea menos honesta que la comunicación por texto

Vocabulario y comprensión (continuación)

5. **Ideas clave y detalles**   Contesta las preguntas.

Parte A: ¿Por qué la autora explica que la comunicación virtual puede ser "ambigua" a pesar del uso popular de los emoticones?

   A porque los emoticones no pueden ayudar con el contacto visual

   B porque los emoticones no tienen señales que ayuden a interpretarlos

   C porque los emoticones tienen diferentes significados sociales en los mensajes

   D porque los emoticones se pueden manipular para contradecir el mensaje escrito

Parte B: ¿Cuál es un ejemplo de cómo el uso de los emoticones puede generar un problema de ambigüedad o malinterpretación en la comunicación?

   A enviar un mensaje de felicitaciones con una carita feliz para reafirmar que se comparte esa emoción

   B terminar con una carita feliz para esconder una emoción negativa que expresan las palabras del mensaje

   C enviar un mensaje de texto con un tono un poco agresivo y al final incluir una carita enojada

   D escribir una carita feliz para expresar el equivalente de una sonrisa

Las relaciones personales: Integración de ideas

Escribir

Escribe un ensayo en el que compares y contrastes los beneficios y dificultades de la comunicación oral y la comunicación escrita en las relaciones personales. Considera distintas situaciones, personas con las que te comunicas y las limitaciones de cada medio. Cita información de las lecturas 1 y 2 para apoyar tus ideas.

_____

_____

_____

_____

_____

_____

_____

Writing Task Rubric

	Score: 1 Does not meet expectations	Score: 3 Meets expectations	Score: 5 Exceeds expectations
Completion of task	Does not complete the task within context of the topic.	Partially completes the task within context of the topic.	Effectively completes the task within context of the topic.
Use of evidence	Student presents no evidence from either selection to support response.	Student presents evidence from only one selection to support response.	Student presents evidence from both selections to support response.
Comprehensibility	Student's ideas are unclear and difficult to understand.	Student's ideas are somewhat clear and coherent and fairly well understood.	Student's ideas are clear, coherent, and easily understood.
Language use	Very little variation of vocabulary use with many grammatical errors.	Limited usage of vocabulary with some grammatical errors.	Extended use of a variety of vocabulary with very few grammatical errors.
Fluency	Uses simple sentences or fragments.	Uses complete but simple sentences.	Uses a combination of simple and complex sentences.

Realidades 4

Nombre _____   Fecha _____

Tema 5

Las relaciones personales:
Integración de ideas (continuación)

Hablar y escuchar

Con un compañero, piensen en una situación en la que haya un malentendido debido a señales confusas en el lenguaje oral o escrito. Por ejemplo, puede ser un malentendido debido a diferencias culturales, como el ejemplo de la lectura 1 de mantener contacto visual, o un malentendido debido a un mensaje de texto que enviaron, o un malentendido basado en una experiencia personal que hayan tenido. Luego, representen la situación a la clase.

Presentational Speaking Task Rubric

	Score: 1 **Does not meet expectations**	Score: 3 **Meets expectations**	Score: 5 **Exceeds expectations**
Completion of task	Does not complete the task within context of the topic.	Partially completes the task within context of the topic.	Effectively completes the task within context of the topic.
Use of evidence	Student presents no evidence from either selection to support response.	Student presents evidence from only one selection to support response.	Student presents evidence from both selections to support response.
Comprehensibility	Student's ideas are unclear and difficult to understand.	Student's ideas are somewhat clear and coherent and fairly well understood.	Student's ideas are clear, coherent, and easily understood.
Language use	Very little variation of vocabulary use with many grammatical errors.	Limited usage of vocabulary with some grammatical errors.	Extended use of a variety of vocabulary with very few grammatical errors.

El reguetón: una expresión popular

1   Muchos de los géneros musicales que hoy son populares tuvieron sus orígenes como formas de expresión marginales, es decir que la sociedad en general rechazaba estos estilos y la gente solo podía escucharlos en determinados lugares. Las causas de este rechazo inicial pueden ser muchas: el aspecto de los artistas, las letras de sus canciones o
5   la forma de expresar su música. Sin embargo, cuando la gente empieza a sentir curiosidad por géneros innovadores, estos se empiezan a escuchar cada vez más y a difundir (*spread*) masivamente, y en muchos casos se convierten en estilos de fama internacional.

Un ejemplo de este fenómeno entre las generaciones modernas es el reguetón, un tipo de música latina que tiene varias influencias, como el *reggae* de Jamaica y el rap
10   en español, desarrollándose principalmente en Puerto Rico y Panamá, extendiéndose rápidamente a toda Latinoamérica y de allí al resto del mundo. La música es interesante, con un ritmo pegadizo que la hace perfectamente bailable. Las letras son en español y pueden ser cantadas con melodía o en forma de rap.

A principios de la década de 1990, el reguetón surgió (*arose*) como una música marginal
15   entre los jóvenes caribeños. Al principio no fue aceptado por la mayoría de la gente: sus temas tratan de problemas sociales de grupos marginales y su lenguaje y estilo controvertido no siempre es apropiado para escucharlo en la radio. Por este motivo, el reguetón también ha recibido muchas críticas. Sin embargo, muchos artistas reguetoneros de hoy componen sus canciones de manera que no resulten ofensivas para el público general.

20   La bomba de popularidad estalló (*exploded*) en el año 2005, cuando el artista puertorriqueño Daddy Yankee puso de moda el tema "Gasolina". Esta canción se empezó a escuchar en todas las radios y discotecas, inclusive las de habla inglesa. Desde entonces, un sinnúmero (*countless*) de cantantes y muchos DJ caribeños hicieron que el reguetón se convirtiera en un estilo de fama mundial.

25   Hoy, estrellas de reguetón se presentan en lugares importantes y realizan actuaciones multitudinarias, llenando de público el Madison Square Garden de Nueva York y estadios de Europa. Los representantes
30   de este género musical, que antes no eran aceptados, ahora reciben premios Grammy y son mundialmente reconocidos por otros artistas. El reguetón es un claro ejemplo de un estilo de música que una vez fue
35   marginal, pero que luego evolucionó y se impuso en la cultura popular (*became mainstream*). Hoy es escuchado por todas las clases sociales y lo bailan en las discotecas más famosas del mundo.

Daddy Yankee en concierto

Vocabulario y comprensión

1. **Vocabulario** El adjetivo "pegadizo" [línea 12] deriva del verbo "pegar". ¿Qué quiere decir "pegadizo" en relación con este género musical?

   A que los reguetoneros pegan carteles de sus conciertos por las calles

   B que las letras de reguetón hablan de pegarle a la gente

   C que los DJ "pegan" una canción tras otra en los bailes

   D que la música es contagiosa y "se pega" en la memoria

2. **Vocabulario** El autor usa la frase "la bomba de popularidad" [línea 20]. ¿Qué significa esta frase según el contexto?

   A El reguetón generaba violencia.

   B Las autoridades prohibieron el reguetón.

   C El público expresaba su alegría con fuegos artificiales.

   D El reguetón pasó a ser muy conocido.

3. **Vocabulario** El texto dice que los reguetoneros hacen actuaciones "multitudinarias" [línea 27]. Observa esta palabra, identifica su raíz y determina el significado apropiado.

   A que hacen muchas cosas en el escenario

   B que cantan para públicos grandes

   C que tocan en muchos lugares

   D que viajan a muchos países

4. **Ideas clave y detalles** Lee la oración completa: "Sin embargo, cuando la gente empieza a sentir curiosidad por géneros innovadores…". [líneas 5–6] ¿Qué se puede inferir con respecto a la popularidad de las expresiones musicales que alguna vez fueron marginales?

   A La música marginal siempre es innovadora, no importa el género.

   B La sociedad de hoy solo escucha música marginal de otros países.

   C La música marginal deja de serlo cuando se empieza a escuchar en los medios masivos de comunicación.

   D La sociedad empieza a interesarse por los artistas de grupos marginales cuando los oyen cantar.

Vocabulario y comprensión (continuación)

5. Idea clave y detalles   El autor explica que el reguetón fue rechazado en sus comienzos. Contesta las preguntas.

Parte A: Vuelve a leer el párrafo 3 e identifica una característica que provocó el rechazo del reguetón, según el texto.

   A el ritmo contagioso que invitaba a bailar

   B la apariencia de los músicos que lo tocaban

   C las letras de las canciones

   D la gran diferencia con la música *reggae*

Parte B: ¿Qué hecho provocó que el reguetón pasara del rechazo a la aceptación del público en general?

   A Daddy Yankee y los DJ se quejaron a las autoridades de Puerto Rico.

   B Los músicos empezaron a escribir letras en inglés.

   C Los músicos empezaron a escribir letras menos agresivas.

   D Los DJ y las radios empezaron a tocar "Gasolina".

6. Idea clave y detalles   ¿Cuál es la idea central de esta lectura?

   A El reguetón fue una forma de expresión marginal que luego pasó a ser popular.

   B El reguetón es más popular en Puerto Rico que en EE.UU.

   C Hay muchas similitudes musicales entre Puerto Rico y Jamaica.

   D Los reguetoneros son los mejores artistas de Latinoamérica hoy.

El mundo del espectáculo: Lectura 2

Del arrabal a la forma electrónica

1 ¿Quién no ha escuchado hablar de tango? En los salones más lujosos (*luxurious*) de Europa hay espectáculos de este tipo de música. Se sabe también que en Japón hay grandes orquestas y bailarines de tango. Y no es raro que en muchas películas de Hollywood podamos escuchar este interesante género musical.

5 El tango es considerado hoy una de las expresiones artísticas más refinadas. Sin embargo, sus comienzos no fueron nada fáciles. El tango surge al final del siglo XIX en el arrabal de Buenos Aires, Argentina, a orillas (*banks*) del Río de la Plata. Esta era una zona de puerto (*harbor*), alejada (*far from*) entonces de las luces de la ciudad, donde había sitios para bailar este nuevo tipo de música. Lógicamente, como no era una zona de gente rica,
10 se consideraba que todo lo que se hacía allí tenía elementos negativos.

En efecto, en los lugares donde se escuchaba tango se mezclaba todo tipo de gente, entre ellos muchos compadritos que generaban peleas entre el público. Por otra parte, las letras de tango hablaban de situaciones amorosas y engaños trágicos. Mucho del lenguaje, parte fundamental del tango, consistía en el uso de lunfardo (*slang*), por lo que muchas
15 de sus palabras eran incomprensibles para las personas que no frecuentaban ese tipo de ambiente. Por esa razón, las letras de tango eran consideradas vulgares. En cuanto al baile, este se realiza con el hombre y la mujer abrazados, lo que también dio origen a muchas críticas.

El tango también representaba la mezcla de razas e inmigrantes que llegaban al puerto,
20 lo que era considerado como una invasión por las clases altas de Buenos Aires.

Décadas después, en 1930, aparece Carlos Gardel, quien se convertiría en el mayor cantante de tangos. Gardel tiene la oportunidad de viajar a Europa a cantar tango para un nuevo público. En París tiene un gran éxito y los periódicos de todo el mundo empiezan a hablar de este fenómeno musical. Tiempo después, Gardel actúa en Nueva York, y se
25 convierte en el representante internacional del tango. Es entonces cuando el resto de los argentinos acepta, por fin, el género que se identificaría luego como una identidad nacional.

A partir de Gardel, las orquestas se agrandan. A los instrumentos tradicionales se agrega el bandoneón (*type of accordion*), de origen alemán, que pasa a ser la imagen
30 característica del tango. Se le empieza a dar más importancia al tango puramente instrumental y, para la década de 1940, el tango es la música nacional en Argentina y Uruguay.

En la década de 1960 aparece Astor Piazzola con el "nuevo tango". Piazzola incorpora nuevos ritmos, instrumentos eléctricos, y fusiona el tango con la música clásica y el jazz.
35 La historia se repite y ahora el nuevo tango es criticado y rechazado por los tangueros tradicionales. Al igual que Gardel, Piazzola va de gira a Europa a presentar sus ideas artísticas. Ante la gran aceptación en Europa, Piazzola regresa a Argentina, donde lo reciben como un gran innovador.

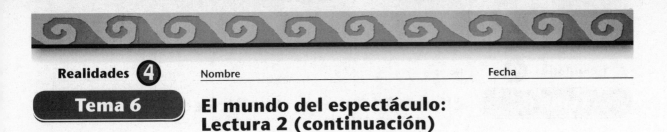

Parece ser que a veces las grandes expresiones artísticas empiezan como formas de
40 comunicación entre individuos de pequeños grupos. Estas formas son incomprendidas y
rechazadas por las masas. Cuando el destino lleva a esas formas por nuevos caminos, las
masas deciden aceptarlas.

Así, a partir de una música prácticamente prohibida, que solo se escuchaba en
los arrabales del puerto de Buenos Aires, el público de todo el mundo y de muchas
45 generaciones puede escuchar el tango canción de Carlos Gardel, el nuevo tango de
Astor Piazzola, y el tango electrónico, que es la nueva tendencia de música ambiental en
restaurantes y salones de categoría (*first-class*) en cualquier punto del planeta.

Astor Piazzola tocando el bandoneón

Vocabulario y comprensión

1. **Vocabulario**   Según el contexto y la información de la lectura, ¿qué es un arrabal?

   A un teatro para ver espectáculos de tango

   B una zona donde se toca música marginal

   C un lugar lejos del centro de la ciudad

   D una orquesta de tango

2. **Vocabulario**   Según la lectura, ¿qué característica asocias con la palabra "compadritos" [línea 12]?

   A artísticos

   B románticos

   C tranquilos

   D violentos

3. **Ideas clave y detalles**   ¿Qué tienen en común Carlos Gardel y Astor Piazzola? Elige **dos** opciones.

   A Criticaban las letras de tango por usar el lunfardo.

   B Fueron innovadores al incluir instrumentos eléctricos en sus orquestas.

   C Ninguno fue aceptado inmediatamente por el público argentino.

   D Ambos llevaron el tango a otros países con éxito.

4. **Composición y estructura**   ¿Qué sugiere el título del artículo "Del arrabal a la forma electrónica"?

   A Ahora solo se escucha tango en las discotecas y radios modernas.

   B Los instrumentos musicales eléctricos hacen sonar mejor al tango.

   C A pesar de la inclusión de instrumentos eléctricos, el tango sigue siendo marginal.

   D El tango pasó de ser marginal a popular y evolucionó en su forma.

Vocabulario y comprensión (continuación)

5. **Composición y estructura**   ¿Cuál es el propósito principal del autor?

   A demostrar que el tango fue una música marginal que luego se popularizó en todo el mundo

   B explicar que las letras de tango son muy importantes y que hablan de problemas sociales

   C demostrar el balance entre las letras y la música en las canciones de tango

   D destacar la fama que el tango tiene en Estados Unidos y Europa

6. **Composición y estructura**   Lee el párrafo que comienza con "Parece ser que a veces las grandes expresiones artísticas...". [líneas 39–42] ¿Cuál es el propósito del autor al incluir este párrafo?

   A afirmar que el tango nunca llegó a ser una música popular

   B explicar que el tango no es una manera artística de comunicación

   C explicar que muchos estilos populares son rechazados al principio

   D asegurar que todos los músicos deben actuar primero en otro país

El mundo del espectáculo: Integración de ideas

Escribir

El reguetón y el tango nacen en épocas y contextos culturales diferentes. Sin embargo, tienen características en común. Escribe un breve ensayo comparando los orígenes de los dos y su evolución. Utiliza la información de las lecturas para hacer las comparaciones correspondientes. Concluye el ensayo con tu opinión sobre la siguiente pregunta: ¿Se podría considerar al reguetón como el tango del siglo XXI?

_____

_____

_____

_____

_____

Writing Task Rubric

	Score: 1 Does not meet expectations	Score: 3 Meets expectations	Score: 5 Exceeds expectations
Completion of task	Does not complete the task within context of the topic.	Partially completes the task within context of the topic.	Effectively completes the task within context of the topic.
Use of evidence	Student presents no evidence from either selection to support response.	Student presents evidence from only one selection to support response.	Student presents evidence from both selections to support response.
Comprehensibility	Student's ideas are unclear and difficult to understand.	Student's ideas are somewhat clear and coherent and fairly well understood.	Student's ideas are clear, coherent, and easily understood.
Language use	Very little variation of vocabulary use with many grammatical errors.	Limited usage of vocabulary with some grammatical errors.	Extended use of a variety of vocabulary with very few grammatical errors.
Fluency	Uses simple sentences or fragments.	Uses complete but simple sentences.	Uses a combination of simple and complex sentences.

Tema 6   El mundo del espectáculo: Integración de ideas (continuación)

Hablar y escuchar

En grupos pequeños, preparen una presentación en la que comparen la evolución y situación actual del reguetón y el tango con un tipo de música popular en su cultura como el hip hop o el jazz, por ejemplo. Analicen su evolución en los medios de comunicación masiva. ¿Qué similitudes y diferencias notan? Deben acompañar la presentación con un elemento visual.

Presentational Speaking Task Rubric

	Score: 1 Does not meet expectations	Score: 3 Meets expectations	Score: 5 Exceeds expectations
Completion of task	Does not complete the task within context of the topic.	Partially completes the task within context of the topic.	Effectively completes the task within context of the topic.
Use of evidence	Student presents no evidence from either selection to support response.	Student presents evidence from only one selection to support response.	Student presents evidence from both selections to support response.
Comprehensibility	Student's ideas are unclear and difficult to understand.	Student's ideas are somewhat clear and coherent and fairly well understood.	Student's ideas are clear, coherent, and easily understood.
Language use	Very little variation of vocabulary use with many grammatical errors.	Limited usage of vocabulary with some grammatical errors.	Extended use of a variety of vocabulary with very few grammatical errors.

Cajas de cartón (fragmento) de Francisco Jiménez

1 *Introducción: En este relato autobiográfico, Francisco Jiménez nos cuenta de cuando era niño y trabajaba en los campos de California. Su familia era migrante y viajaba de un*
5 *lugar a otro en busca de trabajo según el ciclo de la temporada de las fresas, las uvas o el algodón. Cuando acababa la temporada en un lugar, ponían lo poco que tenían en cajas de cartón, colocaban las cajas en el carro y la*
10 *familia entera se iba a otro lugar en busca de trabajo de temporada.*

Era lunes, la primera semana de noviembre. La temporada de uvas había terminado y yo podía ir a la escuela.
15 Me desperté temprano esa mañana y me quedé acostado mirando las estrellas y saboreando (*savoring*) el pensamiento de no ir a trabajar y de empezar el sexto grado por primera vez ese año. Como
20 no podía dormir, decidí levantarme y desayunar con Papá y Roberto. Me senté cabizbajo frente a mi hermano. No quería mirarlo porque sabía que estaba triste. Él no asistiría a la escuela hoy, ni mañana,
25 ni la próxima semana. No iría hasta que se acabara la temporada de algodón, y eso sería en febrero. Me froté (*rubbed*) las manos y miré la piel seca y manchada (*stained*) de ácido enrollarse (*curl up*) y
30 caer al suelo.

Cuando Papá y Roberto se fueron a trabajar, sentí un gran alivio (*relief*). Fui a la cima (*top*) de una pendiente (*rise*) cerca de la choza (*shack*) y contemplé
35 la "Carcachita" en su camino hasta que desapareció en una nube de polvo.

Dos horas más tarde, a eso de las ocho, esperaba el camión de la escuela.

Por fin llegó. Subí y me senté en un
40 asiento desocupado. Todos los niños se entretenían hablando o gritando.

Estaba nerviosísimo cuando el camión se paró delante de la escuela. Miré por la ventana y vi una muchedumbre (*multitude*)
45 de niños. Algunos llevaban libros, otros juguetes. Me bajé del camión, metí las manos en los bolsillos, y fui a la oficina del director. Cuando entré oí la voz de una mujer diciéndome: «May I help
50 you?» Me sobresalté (*was startled*). Nadie me había hablado en inglés desde hacía meses. Por varios segundos me quedé sin poder contestar. Al fin, después de mucho esfuerzo, conseguí decirle en inglés que
55 me quería matricular en el sexto grado.

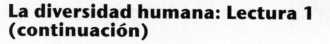

La señora entonces me hizo una serie de preguntas que me parecieron impertinentes. Luego me llevó a la sala de clase.

El señor Lema, el maestro de sexto
60 grado, me saludó cordialmente, me asignó un pupitre, y me presentó a la clase. Estaba tan nervioso y asustado en ese momento cuando todos me miraban que deseé estar con Papá y Roberto
65 pizcando (*picking*) algodón. Después de pasar lista (*After roll call*), el señor Lema le dio a la clase la asignatura de la primera hora. —Lo primero que haremos esta mañana es terminar de leer el cuento que
70 comenzamos ayer—, dijo con entusiasmo. Se acercó a mí, me dio su libro y me pidió que leyera. —Estamos en la página 125—, me dijo. Cuando lo oí, sentí que toda la sangre me subía a la cabeza, me
75 sentí mareado. —¿Quisieras leer?—, me preguntó en un tono indeciso. Abrí el libro a la página 125. Sentía la boca seca. Los ojos se me comenzaron a aguar (*tear*). El señor Lema entonces le pidió a otro
80 niño que leyera.

Durante el resto de la hora me empecé a enojar más y más conmigo mismo. Debí haber leído, pensaba yo.

Durante el recreo me llevé el libro al
85 baño y lo abrí a la página 125. Empecé a leer en voz baja, pretendiendo que estaba en clase. Había muchas palabras que no sabía. Cerré el libro y volví a la sala de clase.

90 El señor Lema estaba sentado en su escritorio. Cuando entré me miró sonriendo. Me sentí mucho mejor. Me acerqué a él y le pregunté si me podía ayudar con las palabras desconocidas.
95 —Con mucho gusto—, me contestó.

El resto del mes pasé mis horas de almuerzo estudiando ese inglés con la ayuda del buen señor Lema.

Un viernes durante la hora del
100 almuerzo, el señor Lema me invitó a que lo acompañara a la sala de música.
—¿Te gusta la música?—, me preguntó.
—Sí, muchísimo—, le contesté entusiasmado, —me gustan los corridos
105 mexicanos[1]—. Él entonces cogió una trompeta, la tocó y me la pasó. El sonido me hizo estremecer (*shiver*). Era un sonido de corridos que me encantaba.
—¿Te gustaría aprender a tocar este
110 instrumento?—, me preguntó. Debió haber comprendido la expresión en mi cara porque antes que yo respondiera, añadió: —Te voy a enseñar a tocar esta trompeta durante las horas del almuerzo.

115 Ese día casi no podía esperar el momento de llegar a casa y contarles las nuevas (*news*) a mi familia. Al bajar del camión me encontré con mis hermanitos que gritaban y brincaban (*jumping*) de
120 alegría. Pensé que era porque yo había llegado, pero al abrir la puerta de la chocita, vi que todo estaba empacado en cajas de cartón...

[1] Un tipo de canción popular mexicana

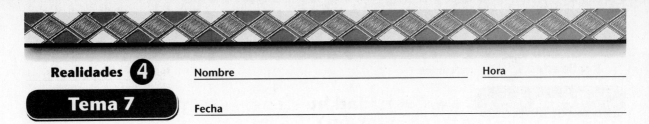

Vocabulario y comprensión

1. **Vocabulario** Contesta las preguntas.

Parte A: Lee la oración: "Me senté cabizbajo frente a mi hermano." [líneas 21–22] Observa detenidamente la palabra "cabizbajo" y luego identifica qué frase dentro del párrafo te ayuda a entender su significado.

A "me desperté temprano"

B "me senté"

C "no quería mirarlo"

D "me quedé acostado"

Parte B: Ahora, identifica el significado de "cabizbajo" según las claves del contexto que identificaste en la parte A y tu conocimiento del español.

A estar sentado en una silla más baja que las otras

B con la cabeza y los ojos hacia abajo

C con bajas energías por no haber dormido

D acostado en la cama con los ojos abiertos

2. **Vocabulario** Contesta las preguntas.

Parte A: Lee la siguiente frase: "esperaba el camión de la escuela" [línea 38]. ¿Qué frases dentro del párrafo te ayudan a entender el significado de "camión" en este contexto? Escoge **dos** opciones.

A "de la escuela"

B "dos horas más tarde"

C "un asiento desocupado"

D "Por fin llegó."

Parte B: Ahora, identifica el significado de "camión" según las claves del contexto que identificaste en la parte A y tu conocimiento del español.

A un coche privado

B un carro grande para el algodón

C un carro grande para las uvas

D un autobús escolar

Vocabulario y comprensión (continuación)

3. **Composición y estructura**   El texto dice que Francisco se sentía "nerviosísimo" [línea 42] cuando llegó a la escuela. Pero después dice: "Me sentí mucho mejor" [línea 92]. ¿Por qué cambiaron sus emociones?

A No le gustaba la hora del almuerzo en la escuela porque no era como la comida de su casa.

B Al principio estaba nervioso porque había muchos muchachos con libros y juguetes y él no tenía nada de eso.

C Al principio estaba nervioso porque hacía tiempo que no iba a la escuela, pero el Sr. Lema lo hizo sentir mejor.

D El Sr. Lema le pidió que leyera y a Francisco le encantaba leer en inglés.

4. **Ideas clave y detalles**   Según el texto, ¿qué se puede inferir acerca de la situación de la familia de Francisco?

A Francisco estaba muy nervioso porque su padre lo obligaba a empezar el sexto grado en la escuela y él no quería.

B A toda la familia le gusta trabajar y los niños prefieren trabajar en el campo en lugar de ir a la escuela.

C Solo Roberto y el padre tenían permiso para ir a trabajar mientras Francisco iba a la escuela.

D Era muy pobre, y por ello Francisco y su hermano tenían que trabajar con su padre para ayudar a la familia.

5. **Ideas clave y detalles**   La última oración dice "vi que todo estaba empacado en cajas de cartón..." [líneas 122–123]. ¿Qué significado tienen las cajas de cartón al final del relato?

A Francisco tiene que mudarse de nuevo y dejar la escuela.

B Las uvas estaban empacadas en las cajas de cartón.

C Sus hermanitos estaban alegres jugando con las cosas de la casa.

D Están arreglando la casa y comprando cosas nuevas.

Realidades 4

Tema 7

Nombre _____ Hora _____

Fecha _____

Vocabulario y comprensión (continuación)

6. Ideas clave y detalles   Elige la opción que mejor describe el problema principal que se presenta en este relato.

   A Francisco prefiere trabajar y ganar dinero, pero tiene que ir a la escuela.

   B Francisco quiere seguir en la escuela, pero la familia tiene que mudarse de nuevo en busca de trabajo.

   C Francisco no se lleva bien con su hermano mayor, Roberto, ni tampoco con sus hermanitos menores que él.

   D Aprender inglés y a tocar trompeta con el Sr. Lema es mucho trabajo y Francisco está nervioso.

7. Ideas clave y detalles   Contesta las preguntas.

   Parte A: Según la información del último párrafo, ¿cómo crees que se sintió Francisco al final de este relato?

   A Se sintió tan alegre como sus hermanitos.

   B Estaba preocupado porque no veía a sus padres.

   C Estaba confundido porque no sabía por qué sus hermanitos estaban alegres.

   D Se puso triste al ver que se iban a mudar y no podría aprender a tocar la trompeta.

   Parte B: ¿Por qué piensas que Francisco se sintió así?

   A Pensó que sus hermanitos estaban contentos de verlo.

   B Siempre se alegraba de ver a sus hermanitos al llegar de la escuela.

   C Traía la buena noticia de que estaba aprendiendo música, pero ahora eso no iba a pasar.

   D Siempre se alegraba de bajarse del camión de la escuela porque le gustaba mucho estar en su casa.

Expulsados (fragmento) de Francisco Jiménez

1   Yo viví con un miedo constante durante diez años largos desde que era un niño de cuatro años hasta que cumplí los catorce.

5   Todo empezó allá a finales de los años 40 cuando Papá, Mamá, mi hermano mayor, Roberto, y yo salimos de El Rancho Blanco, un pueblecito enclavado (*tucked*) entre lomas (*hills*) secas y pelonas (*barren*),

10   muchas millas al norte de Guadalajara, Jalisco, México y nos dirigimos a California, con la esperanza de dejar atrás nuestra vida de pobreza. Recuerdo lo emocionado que yo estaba mientras me

15   trasladaba en un tren de segunda clase que iba hacia el norte desde Guadalajara hacia Mexicali. Viajamos durante dos días y dos noches. Cuando llegamos a la frontera de México y los Estados Unidos,

20   Papá nos dijo que teníamos que cruzar el cerco de alambre (*wire fence*) sin ser vistos por *la migra*, los funcionarios (*officials*) de inmigración vestidos de uniforme verde. Durante la noche cavamos un hoyo debajo

25   del cerco de alambre y nos deslizamos como serpientes (*we slid like snakes*) debajo de éste hasta llegar al otro lado.
   —Si alguien les pregunta dónde nacieron —dijo Papá firmemente—, díganles

30   que en Colton, California. Si *la migra* los agarra, los echará de regreso a México—. Fuimos recogidos por una mujer a quien Papá había contactado en Mexicali. Él le pagó para que nos llevara en su carro a

35   un campamento de carpas (*tents*) para trabajadores que estaba en las afueras de Guadalupe, un pueblito junto a la costa. A partir de ese día, durante los siguientes

diez años, mientras nosotros viajábamos
40   de un lugar a otro a través de California, siguiendo las cosechas y viviendo en campos para trabajadores migrantes, yo viví con el miedo de ser agarrado por la Patrulla Fronteriza.

45   A medida que yo crecía, aumentaba mi miedo de ser deportado. Yo no quería regresar a México porque me gustaba ir a la escuela, aun cuando era difícil para mí, especialmente la clase de inglés. Yo

50   disfrutaba aprendiendo, y sabía que no había escuela en El Rancho Blanco. Cada año Roberto y yo perdíamos varios meses de clase para ayudar a Papá y a Mamá a trabajar en el campo. Luchábamos

55   duramente para sobrevivir, especialmente durante el invierno, cuando el trabajo escaseaba (*was scarce*).
   Nosotros nos establecimos en el Rancho Bonetti, donde habíamos vivido en

60   barracas del ejército de modo intermitente durante los últimos años. El trabajo de mi hermano y el mío —desahijando[1] lechuga (*thinning out lettuce seedlings*) y pizcando zanahorias después de clase y en los fines

65   de semana— ayudaba a mantener a mi familia. Yo estaba emocionado porque nos habíamos establecido finalmente en un solo lugar. Ya no teníamos que mudarnos a Fresno al final de cada verano y perder

70   las clases durante dos meses y medio para pizcar uvas y algodón y vivir en carpas o en viejos garajes.
   Pero lo que yo más temía sucedió ese mismo año. Me encontraba en la clase

75   de estudios sociales en el octavo grado en El Camino Junior High School en

---

[1] *Desahijando* es la forma coloquial de *deshijando*.

Santa Maria. Estaba preparándome para recitar el preámbulo a la Declaración de Independencia, que nuestra clase tenía
80 que memorizar. Había trabajado duro para memorizarlo y me sentía con mucha confianza. Mientras esperaba que la clase empezara, me senté en mi escritorio y recité en silencio una última vez.

85   *Nosotros consideramos estas*
        verdades evidentes:
     que todos los hombres nacen iguales;
            que ellos
       fueron dotados por su Creador
90   *con ciertos*
     derechos inalienables, entre los
           cuales están la
    vida, la libertad y la búsqueda de
          la felicidad ...

95 Yo estaba listo.

Después de que sonó la campana, la señorita Ehlis, mi maestra de inglés y de estudios sociales, empezó a pasar lista. Fue interrumpida por unos golpes en la
100 puerta. Cuando la abrió, vi al director de la escuela y a un hombre detrás de él. Tan pronto vi el uniforme verde, me entró pánico. Yo temblaba y podía sentir mi corazón golpeando contra mi pecho
105 como si quisiera escaparse también. Mis ojos se nublaron. La señorita Ehlis y el funcionario caminaron hacia mí. —Es él —dijo ella suavemente poniendo su mano derecha sobre mi hombro.

110 —¿Tú eres Francisco Jiménez? —preguntó él con firmeza. Su ronca voz resonó (*sounded*) en mis oídos.

—Sí, —respondí, secándome las lágrimas y clavando (*fastening*) mi
115 vista en sus negras botas grandes y relucientes (*shiny*). En ese momento yo deseé haber sido otro, alguien con un nombre diferente. Mi maestra tenía una mirada triste y adolorida (*sad*). Yo salí
120 de la clase, siguiendo al funcionario de inmigración, dirigiéndonos a su carro que llevaba un letrero en la puerta que decía **BORDER PATROL.** Me senté en el asiento de adelante y nos dirigimos por
125 Broadway a Santa Maria High School para recoger a Roberto, quien estaba en su segundo año. Mientras los carros pasaban junto a nosotros, yo me deslicé (*slid*) hacia abajo en el asiento y mantuve mi
130 cabeza agachada (*lowered*). El funcionario estacionó el carro frente a la escuela y me ordenó que lo esperara mientras él entraba al edificio de la administración.

Pocos minutos después, el funcionario
135 regresó seguido de Roberto. La cara de mi hermano estaba blanca como un papel. El funcionario me dijo que me sentara en el asiento trasero junto con Roberto. —Nos agarraron, hermanito, —dijo
140 Roberto, temblando y echándome el brazo sobre mi hombro.

Vocabulario y comprensión

1. Vocabulario Contesta las preguntas.

Parte A: Lee la oración completa: "Cuando llegamos a la frontera…" [líneas 18–23]. ¿Qué claves del contexto te ayudan a entender qué significa "frontera"? Escoge **dos** opciones.

   A "desde Guadalajara a Mexicali"   **C** "los funcionarios de inmigración"

   B "de México y Estados Unidos"   **D** "me trasladaba en un tren de segunda clase"

Parte B: Según tu respuesta en la parte A, ¿qué significa "frontera" en este contexto? Escoge la opción apropiada.

   A el frente de una estación de tren   **C** división entre dos países

   B un tipo de restaurante   **D** lugar entre lomas secas

2. Vocabulario Contesta las preguntas.

Parte A: El texto dice "Yo temblaba" [línea 103] y "Roberto, temblando" [línea 140]. ¿Qué claves del contexto te ayudan a entender qué significa el verbo "temblar"? Escoge **dos** opciones.

   A "me entró pánico"

   B "dijo ella suavemente poniendo su mano derecha sobre mi hombro"

   C "echándome el brazo sobre mi hombro"

   D "La cara de mi hermano estaba blanca como un papel".

Parte B: Según tu respuesta en la parte A, ¿qué significa el verbo "temblar" en este contexto? Escoge la opción apropiada.

   A hablar poco   **C** tocar el hombro de alguien

   B hablar mucho   **D** tener mucho miedo

3. Ideas clave y detalles En este texto, el autor relata hechos que ocurrieron a lo largo de diez años. Pon un número del 1 al 4 al lado de cada opción para indicar el orden en que estas acciones ocurrieron.

_____ **A** Los oficiales de inmigración expulsan a la familia de Estados Unidos.

_____ **B** La familia viaja de un lugar a otro en California.

_____ **C** La familia cruza la frontera entre México y Estados Unidos.

_____ **D** La familia se establece en el Rancho Bonetti.

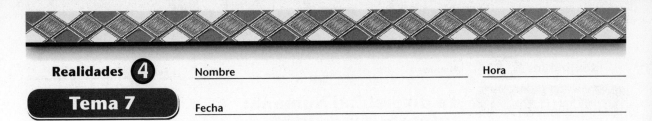

Vocabulario y comprensión (continuación)

4. **Composición y estructura**   El autor tituló este relato "Expulsados". ¿Cuál es la intención de usar la palabra "expulsados" como título?

   A confundir al lector para que piense que expulsan a los hermanos por no portarse bien en la escuela

   B anunciar lo que va a pasar y despertar el interés del lector en saber cómo ocurre

   C resumir en una palabra los acontecimientos para que el lector no pierda tiempo leyendo toda la historia

   D anunciar cómo empieza la historia para ubicar al lector en la situación

5. **Composición y estructura**   En la historia, el autor cita un fragmento de la Declaración de Independencia de los Estados Unidos. ¿Qué importancia tiene esta cita en el relato?

   A La Declaración de Independencia es muy difícil de entender y esto demuestra que Francisco sabía inglés y era muy inteligente.

   B La familia de Francisco buscaba libertad y felicidad y la Declaración de Independencia señala que estos valores son derechos de todos.

   C Francisco usa este fragmento como un ejemplo para aclarar que estaba en la clase de ciencias sociales.

   D Francisco tenía miedo y estaba en silencio porque pensaba que no iba a recordar el preámbulo de la Declaración de Independencia.

6. **Ideas clave y detalles**   Según el texto, ¿qué se puede inferir de cómo se sentía Francisco acerca de su vida en Estados Unidos?

   A El trabajo en el campo y la escuela en Estados Unidos eran muy duros y pensaba que era mejor regresar a México.

   B Estaba emocionado de ayudar a su familia y de visitar muchos lugares diferentes en California.

   C Tenía que trabajar duro y vivir bajo el miedo de ser deportado, pero valoraba su educación.

   D Estaba cansado de trabajar duro en el campo y de trabajar duro en la escuela y quería escaparse.

La diversidad humana: Integración de ideas

Escribir

Lee la siguiente cita de "Expulsados": "Yo viví con un miedo constante durante diez años largos desde que era un niño de cuatro años hasta que cumplí los catorce." [líneas 1–4] Analiza el tema del miedo en los dos textos de este autor. ¿Cuál era el miedo principal y cuáles eran otros miedos? ¿Qué personas y experiencias ayudaron a Francisco Jiménez a enfrentar el miedo durante todos esos años? Usa evidencia de las dos lecturas para apoyar tu punto de vista.

_____

_____

_____

_____

_____

_____

_____

_____

Writing Task Rubric

	Score: 1 Does not meet expectations	Score: 3 Meets expectations	Score: 5 Exceeds expectations
Completion of task	Does not complete the task within context of the topic.	Partially completes the task within context of the topic.	Effectively completes the task within context of the topic.
Use of evidence	Student presents no evidence from either selection to support response.	Student presents evidence from only one selection to support response.	Student presents evidence from both selections to support response.
Comprehensibility	Student's ideas are unclear and are difficult to understand.	Student's ideas are somewhat clear and coherent and fairly well understood.	Student's ideas are clear, coherent, and easily understood.
Language use	Very little variation of vocabulary use with many grammatical errors.	Limited usage of vocabulary with some grammatical errors.	Extended use of a variety of vocabulary with very few grammatical errors.
Fluency	Uses simple sentences or fragments.	Uses complete but simple sentences.	Uses a combination of simple and complex sentences.

Tema 7   La diversidad humana: Integración de ideas (continuación)

Hablar y escuchar

En parejas, preparen una presentación en la que comparen y contrasten los obstáculos que Francisco y su familia tuvieron que enfrentar en estos dos relatos. Consideren el papel que tuvo su origen nacional en esto. Usen información de las lecturas para apoyar su respuesta. Acompañen su presentación con una tabla o un gráfico que resuma los obstáculos y cómo los enfrentaron.

Presentational Speaking Task Rubric

	Score: 1 Does not meet expectations	Score: 3 Meets expectations	Score: 5 Exceeds expectations
Completion of task	Does not complete the task within context of the topic.	Partially completes the task within context of the topic.	Effectively completes the task within context of the topic.
Use of evidence	Student presents no evidence from either selection to support response.	Student presents evidence from only one selection to support response.	Student presents evidence from both selections to support response.
Comprehensibility	Student's ideas are unclear and are difficult to understand.	Student's ideas are somewhat clear and coherent and fairly well understood.	Student's ideas are clear, coherent, and easily understood.
Language use	Very little variation of vocabulary use with many grammatical errors.	Limited usage of vocabulary with some grammatical errors.	Extended use of a variety of vocabulary with very few grammatical errors.

La gastronomía molecular y el arte de la ciencia

1 La gastronomía molecular nació en 1988 como una nueva disciplina que ha obtenido gran popularidad entre científicos, chefs, aficionados y críticos 5 culinarios. Su inventor, Hervé This, es un químico-físico que, después de sufrir un desastroso accidente al seguir incorrectamente una receta de suflés, se asoció con Nicholas Kurti, profesor de 10 química de Oxford, y juntos comenzaron a estudiar la ciencia de la preparación de la comida.

Cuando el término se usó por primera vez, muchos expertos argumentaron que 15 la gastronomía molecular era una ciencia porque "el arte" de seleccionar, preparar y servir comidas en realidad se podía explicar por la interacción de moléculas que obedecen las reglas físicas de las 20 materias sólidas, líquidas y gaseosas.

Pero lo más importante es que a partir de 1998 la gastronomía molecular se empezó a entender como una ciencia que a la vez es un arte. Al desarrollar e 25 implementar las técnicas científicas que permiten que la comida cambie de estado físico (de sólido a líquido, por ejemplo), los chefs intentan combinar elementos gastronómicos de forma creativa e 30 imaginativa. De hecho, para que las comidas tengan sabores y texturas que se han llegado a describir como "mágicas" e "inimaginables", el chef debe pensar como un artista.

35 Los chefs especializados en la gastronomía molecular usan técnicas e ingredientes muy específicos para lograr reacciones y sabores que no se pueden obtener con la cocina tradicional. Este tipo 40 de arte y ciencia culinaria no usa cacerolas y cucharas tradicionales. Y el ambiente de la cocina se asemeja más bien al de un laboratorio con pinzas (*forceps*), pipetas (*pipettes*), tubos de ensayo (*test tubes*) y 45 jeringas (*syringes*).

Una de estas técnicas es la gelificación. En este proceso, una comida se puede transformar a un estado intermedio entre el sólido y el líquido. Por ejemplo, la 50 rúcula (*arugula*), una verdura, se puede convertir en pasta al combinarla con una sustancia derivada de algas marinas llamada *agar agar*. Para transformar la rúcula en espaguetis, se debe licuar la 55 rúcula con agua y polvo de *agar agar*. Después, usando una jeringa, se inyecta el líquido dentro de tubos para formar espaguetis. Una vez que los tubos se enfrían, se coloca una jeringa en los 60 extremos de los tubos y se inyecta aire para hacer que el nuevo espagueti gelificado salga del tubo por completo. Una vez que las tiras de espaguetis están gelificadas, se puede hervir la "pasta".

65 Lo maravilloso es que, a pesar de la completa transformación que sufren los alimentos, estos conservan su sabor. Y sin duda, al igual que el arte, los alimentos moleculares son visualmente impactantes 70 y atraen a los paladares (*palates*) más sofisticados. Así, los seguidores de la cocina molecular buscan una experiencia única que los sorprenda y que los estimule a explorar sabores y texturas jamás 75 pensados.

Vocabulario y comprensión

1. **Vocabulario** El sustantivo "gastronomía" y el adjetivo "gastronómico" aparecen varias veces en la selección. Contesta las preguntas.

   Parte A: ¿Qué palabra se usa como sinónimo de "gastronomía" en la lectura?

   A estado

   B agar agar

   C cocina

   D sabor

   Parte B: ¿Qué palabra se usa como sinónimo del adjetivo "gastronómico"?

   A culinario

   B gelificado

   C gaseoso

   D molecular

2. **Composición y estructura** Contesta las preguntas.

   Parte A: Lee el párrafo completo que explica el concepto de gelificación. [líneas 46–64] ¿Con qué propósito usa el autor el ejemplo de la gelificación?

   A para explicar una receta de pasta nueva e interesante

   B para explicar el proceso de cambiar un ingrediente de un estado a otro

   C para explicar cómo cocinar espaguetis especiales para vegetarianos

   D para explicar cómo se transforma el hielo en agua

   Parte B: ¿Cuál de las siguientes comidas o bebidas podría ser el resultado de un proceso de gelificación?

   A espuma de chocolate

   B café con leche

   C salsa de tomate y crema

   D hielo con sabor a cilantro

Vocabulario y comprensión (continuación)

3. **Composición y estructura** ¿Por qué usa el autor los adjetivos "mágicas" e "inimaginables" para describir lo que producen los chefs de la gastronomía molecular?

   A para indicar que la gastronomía molecular es científica y no depende de la imaginación ni de la creatividad del chef

   B para sugerir que Hervé This empezó su carrera trabajando en el teatro haciendo magia

   C para indicar que la comida que resulta de la gastronomía molecular es una ilusión

   D para sugerir que los chefs tienen que transformar los ingredientes y las comidas comunes en platos completamente nuevos y jamás pensados

4. **Ideas clave y detalles** ¿Por qué sugiere el autor que la cocina de la gastronomía molecular se asemeja a un laboratorio más que a una cocina típica?

   A porque no se usan cacerolas en la gastronomía molecular ni en la cocina típica

   B porque las moléculas también cambian de estado en la cocina, al igual que lo hacen en un laboratorio

   C porque los instrumentos de cocina como las pinzas y las pipetas se parecen a los de un laboratorio

   D porque los instrumentos para cocinar son muy difíciles de usar

5. **Ideas clave y detalles** ¿Cuál de estas opciones resume mejor la idea principal del texto?

   A La gastronomía molecular es un arte y una ciencia porque utiliza técnicas científicas para transformar alimentos en platos creativos y únicos.

   B La gastronomía molecular hace que la comida sea visualmente impactante y por ello es muy popular.

   C La gastronomía molecular es una ciencia muy compleja y solo los artistas pueden practicarla con seguridad.

   D La gastronomía molecular atrae a personas con gustos sofisticados porque usa ingredientes artificiales.

Con mi abuela aprendí que el amor entra por la cocina

1 Sí, como dije: Con mi abuela aprendí
que el amor entra por la cocina.
Mucha gente dice que el arte de la cocina
está en las recetas, la técnica y la calidad
5 de los ingredientes que se usan. Pero yo
no creo que este sea el caso, porque desde
chica aprendí que el arte de la cocina era
otro.

Cuando comencé a cocinar, tenía apenas
10 cuatro años. Recuerdo estar en la cocina
enorme de la casa de mi abuela, parada
en una silla de metal al lado de mi abuela.
Mi trabajo era pasarle los ingredientes
mientras ella me iba enseñado cómo
15 preparar los panqueques para el
desayuno. Esa fue mi primera lección de
muchas.

Con cada año que pasaba, mi abuela me
daba más responsabilidades y me dejaba
20 experimentar con la comida siempre y
cuando ella estuviera de acuerdo con
mis ideas culinarias. Finalmente, cuando
cumplí diez años ella me dijo que como
yo la había visto a ella preparar la
25 paella cumpleañera durante seis años
consecutivos, mi regalo de cumpleaños iba
a ser que yo la preparara de memoria. No
lo podía creer; nadie cocinaba en su cocina
más que ella. Y como si fuera poco, me dijo
30 que tenía que hacerlo sin ver su recetario
lleno de instrucciones mágicas. El hecho
de que me diera ese regalo me hizo sentir
honrada y especial, como si ella confiara
en que recordaría todos los pasos para
35 preparar una paella como la suya.

Esa mañana me llevó a un mercado
donde compramos carne de gallina, conejo
y mariscos frescos. A mi abuela le gustaba

Realidades **4**

Nombre _____

Fecha _____

Tema 8

Las artes culinarias:
Lectura 2 (continuación)

usar los ingredientes más frescos. Después
40 de ir por las carnes, fuimos a la tienda
de especias y compramos azafrán y un
poco de sal y pimienta. Luego, cuando
llegamos a su casa, mientras me movía
en la cocina de un lado a otro juntando
45 mis ingredientes, sus ojos me miraban
y brillaban al ver cómo iba acercando
y reuniendo todo cerca de la estufa.
Siempre que la miraba con una duda, ella
simplemente sonreía y me decía que yo
50 sabía lo que estaba haciendo. Además me
recordó que con amor todo sabe mejor,
y que a mis familiares les encantaría la
paella siempre y cuando la hiciera con
amor, como ella me había enseñado en
55 cada una de sus lecciones.

Cuando por fin terminé de cocinar
aquella deliciosa paella, mi abuela

orgullosamente anunció a la familia que
ya era hora de que comiéramos. Fue
60 increíble ver cómo mis padres, primos,
tíos, hermanos y abuelos disfrutaban de
aquella paella. La felicidad que se sentía
en ese comedor era contagiosa. Y fue
en ese momento cuando comprendí por
65 primera vez que el verdadero arte de
la cocina es saber provocar emociones,
expresar a través de esos platos todo el
amor que sentimos por los demás. Y como
bien dijo mi abuela, cocinar con amor
70 hace que todo sepa mejor y, en realidad,
es lo que nos une a los demás y hace
que tengamos recuerdos de comidas y
momentos especiales que nos duran toda
una vida.

Realidades 4

Tema 8

Nombre _____   Hora _____

Fecha _____

Vocabulario y comprensión

1. **Vocabulario**   Lee la oración: "Y como si fuera poco, me dijo que tenía que hacerlo sin ver su recetario lleno de instrucciones mágicas". [líneas 29–31] ¿Qué significa la palabra "recetario"?

   A la receta de la paella

   B una colección de recetas

   C el diario de la abuela

   D un libro de magia

2. **Ideas clave y detalles**   Elige la opción apropiada que describe el evento principal de la historia.

   A Una chica recuerda las recetas que su abuela le hacía en su cumpleaños.

   B Una abuela enseña a su nieta a leer recetarios y le sugiere hacer una paella.

   C Una abuela deja que su nieta prepare una paella para su cumpleaños.

   D Una abuela celebra su cumpleaños con su familia comiendo una paella.

3. **Ideas clave y detalles**   ¿Por qué estaba orgullosa la abuela cuando anunció que ya era hora de comer?

   A porque su nieta pudo hacer la paella exitosamente

   B porque sabía que a todos les gustaban sus comidas

   C porque sabía que la familia estaba esperando la noticia

   D porque estaba feliz de verlos a todos reunidos junto a la mesa

4. **Composición y estructura**   Considera el título, *Con mi abuela aprendí que el amor entra por la cocina*. ¿Por qué usa el autor la expresión "el amor entra por la cocina" en este sentido?

   A para decir que la entrada de la casa es la cocina

   B para decir que cocinar es una forma de expresar amor

   C para decir que a la narradora le encanta la cocina de su abuela

   D parar decir que la narradora siente mucho amor por su abuela

© Pearson Education, Inc. All rights reserved.

Vocabulario y comprensión (continuación)

5. **Ideas clave y detalles**   Después de leer el texto, ¿qué se puede inferir sobre lo que representa la comida para esta autora?

    A una técnica que se aprende siguiendo instrucciones detalladas

    B un modo de expresar sentimientos y de conectarse con los demás

    C una forma de aprender sobre las tradiciones culinarias

    D un modo de impresionar a los demás con platos visualmente impactantes

Archivo   Editar   Ver   Ir a   Favoritos   Ayuda

Regresar   Siguiente   Inicio   Recargar   Buscar   Detener   Favoritos

Consejos alimenticios para los deportistas

1   ¿Una hamburguesa doble con queso? ¿Empanadas fritas? Ni pensarlo. Jamás.
La dieta de los atletas profesionales para entrenamientos de competiciones es
superestricta. Cada caloría tiene un propósito específico. Esta semana entrevistamos
al entrenador del programa deportivo de la universidad para obtener algunos

5   consejos sobre cómo deben comer los atletas para lograr un funcionamiento óptimo
del cuerpo y así obtener mejores resultados, es decir, el máximo rendimiento.

¿Cómo debe comer un atleta?

Bueno, para empezar, debe comer cada tres horas para tener mayor provecho y
poder enfocarse en lograr sus objetivos de entrenamiento o competencia. Cada uno

10   de los alimentos que consume un atleta tiene un propósito específico. Por ejemplo,
hidratar (*hydrate*), reparar los músculos, prevenir calambres (*cramps*) y reemplazar
nutrientes perdidos al sudar (*sweat*).

¿Qué tipo de alimentos debe consumir un atleta?

Hay diez alimentos que son esenciales para maximizar el rendimiento: los huevos,

15   las frutas, la leche, la pechuga de pollo, el pescado, las legumbres, las pastas y el
arroz, bebidas deportivas, alimentos ricos en sodio y finalmente, helados.

¿Helados? ¿Por qué son importantes los helados?

Bueno, porque proporcionan calcio e hidratan al cuerpo. El mejor tipo para los
atletas es el que está hecho a base de yogurt, ya que también tiene proteína y es

20   bajo en azúcares comparado con el helado típico.

Entonces, ¿deben tener una dieta más alta en proteínas que en carbohidratos?

No. La dieta de un atleta profesional debe ser alta en carbohidratos, moderada en
proteínas y baja en grasas.

¿Cuáles son los beneficios de los carbohidratos?

25   Los carbohidratos complejos como las verduras, los cereales, las frutas, el arroz
y las pastas se transforman en glucosa, que es la fuente de energía principal
para los músculos. Es decir, los carbohidratos son necesarios para que los
músculos produzcan un máximo rendimiento. Por eso, muchos maratonistas o
ciclistas consumen grandes cantidades de pasta o arroz la noche antes de una

30   competencia.

Las artes culinarias: Lectura 3 (continuación)

¿Qué papel tienen las proteínas en el metabolismo de un atleta?

Las proteínas son importantes para la recuperación de los músculos; por eso, son especialmente necesarias para aquellos atletas que practican deportes de resistencia, como el ciclismo o la natación.

35 **¿Qué debe comer un atleta antes de entrenar?**

Se recomienda que coma media taza de nueces o una barra energética por lo menos 30 minutos antes de su entrenamiento. Esto le dará la energía necesaria para poder maximizar los resultados de su entrenamiento.

¿Qué tipo de alimentos deben llevar los atletas cuando salen para las
40 **competiciones?**

Para que el atleta pueda obtener el máximo rendimiento, debe mantenerse bien hidratado. Por la misma razón, es importante que cuando un atleta esté viajando lleve consigo agua, barras energéticas, productos con alto valor nutricional, como nueces, y productos altos en proteína, por ejemplo, latas de atún.

45   Esperamos que las recomendaciones que nos ha dado este entrenador profesional ayuden a muchos atletas a saber cómo comer para lograr un mejor rendimiento... y a olvidarse de las comidas que no están en la lista, por lo menos durante los rigores del entrenamiento. Le agradecemos mucho su tiempo y dedicación a este importante tema.

Vocabulario y comprensión

1. **Vocabulario**   Lee la introducción a la entrevista con el entrenador. ¿Qué palabra te ayuda a entender el significado de la palabra "rendimiento" [línea 6]?

   A mejores

   B obtener

   C resultados

   D máximo

2. **Ideas clave y detalles**   Según el experto, ¿por qué dice el entrenador que es importante que los atletas profesionales incluyan 10 comidas esenciales en sus dietas?

   A porque ayudan a desarrollar los músculos

   B porque ayudan a hidratar el cuerpo de un atleta

   C porque cada uno de los alimentos tiene un propósito específico

   D porque representan los mejores carbohidratos y grasas

3. **Ideas clave y detalles**   ¿Cuál es el beneficio para un atleta de comer media taza de nueces o una barra energética 30 minutos antes de su entrenamiento?

   A ayudar a que se recuperen los músculos

   B obtener energía para el entrenamiento

   C hidratar su cuerpo durante el entrenamiento

   D bajar de peso durante el ejercicio

4. **Ideas clave y detalles**   ¿Cuál es el propósito principal de esta entrevista?

   A explicar que la alimentación de un atleta es un instrumento para ayudarlo a mejorar sus resultados

   B justificar por qué los atletas dependen de los carbohidratos antes de correr un maratón

   C informar sobre los efectos positivos y negativos de la glucosa en los músculos de los atletas

   D diseñar dietas específicas para atletas de todos los deportes

Vocabulario y comprensión (continuación)

5. **Integración de conocimientos**   ¿Qué tienen en común las tres lecturas que has leído?

   A Las tres hablan sobre el arte de la gastronomía y cómo la gente aprende a cocinar.

   B Las tres hablan sobre tres estilos de alimentación que están de moda en la actualidad.

   C Las tres presentan tres puntos de vista diferentes sobre lo que representan la comida y los alimentos.

   D Las tres justifican la experimentación gastronómica para producir variedad culinaria.

Realidades **4**

Nombre _____   Fecha _____

Tema 8   Las artes culinarias: Integración de ideas

Escribir

En un informe, sintetiza las tres formas de entender la gastronomía y la comida en general que se presentan en las lecturas. Explica en qué son similares y en qué son diferentes. Cita evidencia de las tres lecturas.

_____

_____

_____

_____

_____

_____

_____

_____

Writing Task Rubric

	Score: 1 Does not meet expectations	Score: 3 Meets expectations	Score: 5 Exceeds expectations
Completion of task	Does not complete the task within context of the topic.	Partially completes the task within context of the topic.	Effectively completes the task within context of the topic.
Use of evidence	Student presents no evidence from the selections to support response.	Student presents evidence from only two selections to support response.	Student presents evidence from all three selections to support response.
Comprehensibility	Student's ideas are unclear and are difficult to understand.	Student's ideas are somewhat clear and coherent and fairly well understood.	Student's ideas are clear, coherent and easily understood.
Language use	Very little variation of vocabulary use with many grammatical errors.	Limited usage of vocabulary with some grammatical errors.	Extended use of a variety of vocabulary with very few grammatical errors.
Fluency	Uses simple sentences or fragments.	Uses complete but simple sentences.	Uses a combination of simple and complex sentences.

Tema 8

Las artes culinarias:
Integración de ideas (continuación)

Hablar y escuchar

Las lecturas presentan tres maneras diferentes de pensar en la comida. Se puede ver la comida como una expresión de arte y ciencia, como un modo de expresar emociones o como un instrumento para sobrevivir o lograr un fin específico. Prepara una presentación en la que expliques con qué modo te identificas más y qué representa la comida para ti. Apoya tus ideas con evidencia de las lecturas.

Presentational Speaking Task Rubric

	Score: 1 **Does not meet expectations**	**Score: 3** **Meets expectations**	**Score: 5** **Exceeds expectations**
Completion of task	Does not complete the task within context of the topic.	Partially completes the task within context of the topic.	Effectively completes the task within context of the topic.
Use of evidence	Student presents no evidence from the selections to support response.	Student presents evidence from only two selections to support response.	Student presents evidence from all three selections to support response.
Comprehensibility	Student's ideas are unclear and are difficult to understand.	Student's ideas are somewhat clear and coherent and fairly well understood.	Student's ideas are clear, coherent and easily understood.
Language use	Very little variation of vocabulary use with many grammatical errors.	Limited usage of vocabulary with some grammatical errors.	Extended use of a variety of vocabulary with very few grammatical errors.

¡Las Tías al rescate!

1   Imagínate este panorama (*scenario*):
Un pueblo donde muchos niños y
adolescentes, en lugar de ir a la escuela,
se van al mercado a robar alimentos para
5   comer o mercancía para venderla y ayudar
a su familia, ya que son muy pobres.
Algunos viven y duermen en la calle.
Y, para colmo de males (*to make matters
worse*), estos niños están mal alimentados
10   y sufren mucho. Peor todavía: Esta
situación no existe en un solo pueblo, sino
en muchos pueblos del mundo entero.
Imagínate que tú vives en uno de esos
pueblos. ¿Qué harías para ayudar a estos
15   niños y adolescentes si vivieras en un
pueblo así? ¿Los ayudarías? ¿Podrías? ¿No

habría que tener mucho dinero para poder
ayudar a los pobres? ¿O tener un puesto
político de mucho poder?

20   Pues bien, un grupo de nueve mujeres
en León, Nicaragua, sin dinero y sin
ocupar un puesto político de poder,
decidieron que sí podían hacer algo. Y
formaron la asociación "Las Tías". Esto
25   fue en 1989. Estas mujeres, pequeñas
comerciantes en el mercado Santos
Bárcenas, decidieron ayudar a los niños
que se pasaban el día vagabundeando
(*wandering*) por los alrededores de (*around*)
30   ese y otros mercados del pueblo. Las Tías
se organizaron para ofrecer a estos jóvenes
clases, comida, ropa, medicamentos,

Niños tomando clases en la escuela de Las Tías en León, Nicaragua

zapatos y, sobre todo, cariño y apoyo. El
nombre "Las Tías" surgió de los propios
35 jóvenes, quienes les pedían comida
diciendo "Tía, regálame un plátano" o
"Tía, regálame un refresco".

Hoy, a más de veinticinco años de
su fundación, Las Tías ayudan a más
40 de 100 jóvenes diariamente y ofrecen
sus servicios desde dos centros, uno
para niños de 6 a 13 años y otro para
adolescentes de 14 a 18 años. Además
de ofrecerles un almuerzo nutritivo, Las
45 Tías brindan ayuda con los estudios, la
enseñanza de artes y deportes, y talleres
de aprendizaje de oficios como costura
(*sewing*) y carpintería.

El trabajo de Las Tías va más allá
50 de ayudar a los jóvenes directamente.
También se ocupan de mejorar el ambiente
de estos jóvenes de otras maneras. Por
ejemplo, desde un principio Las Tías
han trabajado con otras comerciantes
55 del mercado que se enfadaban con los
chavalos y los insultaban y maltrataban
cuando estos jóvenes les robaban la
mercancía. Las Tías enseñaron a esas
comerciantes a ver a estos niños no como
60 pequeños delincuentes, sino como jóvenes
vulnerables desprotegidos (*unprotected*)
que necesitaban de sus consejos y
protección. Esas comerciantes han
respondido de manera positiva a la visión
65 de Las Tías y les han brindado su apoyo.

Otra manera en que Las Tías han
logrado mejorar el ambiente y las

circunstancias de estos jóvenes ha sido
mediante la creación de una escuela para
70 los padres y tutores (*guardians*) de estos
jóvenes. Aquí los familiares reciben apoyo
psicológico y capacitación (*training*)
profesional. Las Tías incluso han logrado
obtener fondos para ofrecer microcréditos
75 a las familias de estos jóvenes. Estos son
pequeños préstamos para ayudar a los
pequeños negocios de familias con pocos
recursos y de esta manera Las Tías han
podido también mejorar las condiciones
80 económicas de las familias de estos niños
y jóvenes.

Es asombroso lo que han logrado
estas tías con tan poco. Ellas mismas
han tomado cursos de liderazgo y
85 administración y han logrado el apoyo
de la alcaldía (*mayor's office*) de León.
También han conseguido el apoyo de
organizaciones y voluntarios en otras
partes del mundo, como Alemania y
90 Estados Unidos, donde hay personas que
practican el "volunturismo", o sea, que
cuando se toman vacaciones combinan el
turismo con el trabajo voluntario y van a
ayudar en los centros de Las Tías en León.
95 Estas mujeres han demostrado gran
capacidad, audacia (*audacity*) y coraje.
Podemos decir que estas "tías" de León
son más que unas tías bondadosas, son
unas verdaderas "leonas".

Vocabulario y comprensión

1. **Vocabulario** Lee la siguiente cita del texto: "Además de ofrecerles un almuerzo nutritivo, Las Tías brindan ayuda con los estudios". [líneas 43–45] ¿Qué quiere decir el verbo "brindar" en este contexto?

   A recibir   **C** cobrar

   B poner   **D** ofrecer

2. **Vocabulario** Lee la siguiente oración: "Las Tías han trabajado con otras comerciantes del mercado que se enfadaban con los chavalos y los insultaban y maltrataban cuando estos jóvenes les robaban la mercancía". [líneas 53–58] Identifica el sinónimo de "chavalos" que el autor usa en esta oración.

   A tías   **C** mercancía

   B jóvenes   **D** comerciantes

3. **Composición y estructura** ¿Por qué este texto se titula "Las tías al rescate"?

   A Las Tías han rescatado a muchas comerciantes del mercado que eran víctimas de los delincuentes.

   B Las Tías han rescatado al pueblo de León, que era víctima de estos jóvenes delincuentes.

   C Las Tías han salvado a muchos niños de las consecuencias de la pobreza.

   D Las Tías han logrado recuperar la mercancía que los jóvenes delincuentes habían robado.

4. **Composición y estructura** ¿Por qué el autor dice al final que estas tías son "unas verdaderas leonas"?

   A Porque son de un pueblo llamado León y a los ciudadanos y ciudadanas de León se les llama "leones" y "leonas".

   B Es un juego de palabras, porque son del pueblo León y cuidan de estos niños con la misma valentía que las leonas cuidan a sus hijos.

   C Es una metáfora, porque estos niños son muy peligrosos y solo se pueden controlar con la fuerza de una leona.

   D Porque las tías parecen bondadosas, pero en realidad son agresivas como las leonas, pues algunas insultan a los niños y los maltratan cuando cometen algún error.

Vocabulario y comprensión (continuación)

5. Ideas clave y detalles ¿Qué opción resume mejor la idea principal de este texto?

A Las Tías es una organización ubicada en Nicaragua que ayuda a niños de todas partes del mundo.

B Las Tías es una organización que sabe que la mejor manera de corregir a los niños delincuentes es ponerlos al cuidado de sus tías.

C Las Tías es una organización de León, Nicaragua, que recibe apoyo de muchas otras instituciones europeas.

D Las Tías es una organización en León, Nicaragua, que se dedica a ayudar a jóvenes pobres con problemas y a sus familias.

6. Ideas clave y detalles ¿Qué evidencia hay en el texto de que Las Tías tienen el apoyo de la comunidad local? Escoge **dos** opciones.

A Han recibido ayuda de la alcaldía de León.

B Turistas de otros países hacen trabajo voluntario en la organización.

C Las vendedoras del mercado les han ofrecido su ayuda.

D Ayudan a un gran número de jóvenes, como más de 100.

Don Nelson: Otro ejemplo de superación y rehabilitación del Nuevo Modelo de Gestión Penitenciaria

1　**Santiago, RD.** Nelson Antonio Fernández Sánchez no se imaginaba que la vida en un centro penitenciario le diese tanta oportunidad de servirle a la sociedad y a su familia. Revela que dentro del Centro de Corrección y Rehabilitación (CCR) Rafey Hombres no se considera un privado de libertad.

5　Para don Nelson, el Nuevo Modelo de Gestión Penitenciaria lo ha convertido en un hombre libre. "Sí, aunque suene contradictorio, para mí no existen rejas ni paredes que me hagan sentir prisionero. Me siento libre porque se me ha tratado con dignidad, se me ha permitido desarrollar lo que he aprendido en la vida, pero ante todo, se me ha permitido enseñar a otros", sostiene el interno Fernández

10　Sánchez.

El Maestro, como se le llama en el Centro de Corrección y Rehabilitación (CCR) Rafey Hombres, es un interno condenado por robo, pero con los conocimientos especializados necesarios en el arte de la herrería (*blacksmithing*) y la metalmecánica (*metalworking*). Actualmente, el Maestro tiene a su cargo entre 15 y 20 hombres, los

15　cuales se han ido especializando en el arte de la metalmecánica. Esto también le ha permitido aportar a su familia y ayudarlos desde su privación de libertad.

Cuenta que "esos muchachos", como los llama, "llegan en su gran mayoría sin ningún conocimiento de la herrería". Incluso, precisa (*he explains*), "algunos nunca habían agarrado un soldador (*soldering iron*) y una varilla de soldar (*bar of solder*)".

20　El interno Fernández Sánchez agradece la oportunidad que se le ha brindado en el CCR Rafey Hombres de Santiago, donde el Nuevo Modelo de Gestión Penitenciaria le ha devuelto la dignidad como hombre y como padre, "ya que a pesar de estar privado de mi libertad, he podido aportar al mantenimiento de mis hijos y de mis nietos".

25　En el taller, construido y equipado por la dirección del Centro de Corrección y Rehabilitación, se labora arduamente (*they work hard*) en un ambiente que no se diferencia en nada de un taller en el exterior.

En el marco (*background*) del ajetreo (*bustle*) que provoca la construcción de las 256 camas-camarotes (*bunk beds*) que se le ha encargado para el nuevo Centro de

30　Corrección y Rehabilitación de La Vega, el Sr. Nelson camina de aquí para allá, ordenando, corrigiendo, supervisando y trabajando.

    Explica que con la fabricación de las camas en el taller del CCR Rafey Hombres, el Estado se ahorra unos 10 mil pesos en cada unidad de camarotes, puesto que en la calle saldrían a 30 mil pesos, "aparte de que son de mejor calidad".

35   El Sr. Nelson informa, además, que para el Centro de Corrección y Rehabilitación de La Romana se fabricaron cien camas, mientras que para el CCR Vista al Valle de San Francisco de Macorís se fabricaron otras cien.

    Al detenerse para responder a las preguntas de este reportero, el Sr. Nelson se pierde con la vista puesta en uno de los privados de libertad que hacen las

40   funciones de soldador (*welder*). Y al insistir en una explicación acerca del día a día (*daily routine*) en el taller, el Sr. Nelson deja escapar un leve suspiro (*a slight sigh*) mientras su respiración se entrecorta (*choking up*) al decirme los deseos que tiene de estar de nuevo con su familia.

    Revela el Sr. Nelson que está dispuesto a continuar colaborando con la enseñanza

45   a otros internos "mucho después de que salga en libertad".

Vocabulario y comprensión

1. Vocabulario ¿Qué es un "Centro de Corrección y Rehabilitación"? [línea 3]

   A una cárcel

   B un lugar sin rejas

   C una escuela

   D un taller

2. Vocabulario El reportero escribe: "sostiene el interno Fernández Sánchez". [líneas 9–10] ¿Qué significa la palabra "interno" en este contexto?

   A un reportero no profesional

   B un trabajador de afuera

   C un preso de la cárcel

   D un trabajador voluntario

3. Vocabulario Contesta estas preguntas.

Parte A: ¿Qué quiere decir "privado de" en la frase "privado de mi libertad"? [línea 23]

   A cuarto privado en la cárcel

   B libertad privada

   C con libertad

   D sin libertad

Parte B: Según tu respuesta en la Parte A, ¿qué significa cuando el reportero dice que el Sr. Nelson se pierde con "la vista puesta en uno de los privados de libertad"? [línea 39]

   A El Sr. Nelson está mirando a un hombre que está libre.

   B El Sr. Nelson está mirando a otro prisionero.

   C El Sr. Nelson está mirando a una persona perdida.

   D El Sr. Nelson está mirando a un preso puesto en libertad.

4. Ideas clave y detalles Aunque don Nelson está preso, dice: "Me siento libre" [línea 7]. ¿Cómo es posible que se sienta libre si está preso?

   A Se siente libre porque no tiene que ir a trabajar a una fábrica todos los días.

   B Se siente libre porque ahora tiene muchos amigos con los que puede conversar mientras trabaja.

   C Se siente libre porque desde la cárcel todavía puede continuar trabajando y ayudar a los demás con su trabajo.

   D Se siente libre cuando un reportero le hace preguntas y puede responder sobre sus pensamientos personales.

Realidades 4

Tema 9

Nombre _____   Hora _____

Fecha _____

Vocabulario y comprensión (continuación)

5. **Composición y estructura**   Según la información que el autor presenta y lo que se puede inferir acerca del propósito del autor, ¿por qué el reportero ha escrito este artículo?

   A Está en contra de las cárceles y los centros de rehabilitación para los criminales.

   B Quiere informar sobre el éxito del nuevo modelo de la prisión.

   C Cree que la penitenciaría Rafey Hombres está mal administrada.

   D Su padre es herrero y el autor quiere aprender metalmecánica.

6. **Ideas clave y detalles**   ¿Cuál de estas opciones resume mejor la idea central de este artículo?

   A Don Nelson es un buen ejemplo de por qué es mejor vivir en una cárcel en lugar de vivir en libertad.

   B Don Nelson es un ejemplo de cómo los criminales tienen mucho talento para fabricar objetos de metal.

   C Don Nelson es un ejemplo de cómo se puede ayudar a un preso a rehabilitarse en la cárcel.

   D Esta cárcel es un buen ejemplo de cómo construir cárceles para que los presos no traten de escaparse.

Transparencia Internacional: Esto sí es noticia

1 "**P**olicías acusados de corrupción", "Alcalde preso por cometer estafa", "Políticos acusados de abuso de poder", "Empresarios arrestados por robo".
5 Titulares de periódicos como estos nos alertan constantemente de la corrupción a nivel mundial, en Europa, Asia, América Latina, África, Estados Unidos. ¿Cómo es posible que se cometan tantos delitos
10 de corrupción? ¿Y qué se puede hacer contra esto?

Transparencia Internacional (TI) es una organización independiente, no gubernamental, con oficinas
15 internacionales en Berlín y Londres (*Transparency International*) y oficinas nacionales en España y en muchos otros países. TI está dedicada a combatir la corrupción a nivel nacional e
20 internacional. Considera que la mejor manera de reducir la corrupción es con una mayor transparencia de la información y en las prácticas o procesos. Cuando pensamos en la corrupción,
25 generalmente pensamos primero en políticos y grandes empresas. TI tiene un enfoque (*focus*) en estas y otras áreas de corrupción menos conocidas:

• **Corrupción política y gubernamental**

30   Este tipo de corrupción toma muchas formas. Su forma más obvia es quizás el fraude electoral, pero hay otras. Por ejemplo, una forma de corrupción política es cuando un funcionario del
35 gobierno permite que los intereses privados dicten sus decisiones en lugar de los intereses públicos.

• **Corrupción empresarial**

    TI reconoce que el pago de sobornos
40 a ejecutivos (*executives*) de empresas privadas es un tipo de corrupción muy generalizado en el mundo. Este tipo de corrupción perjudica los intereses públicos y la economía. Por ello, TI se ha
45 dedicado a insistir en que las compañías privadas adopten una posición de tolerancia cero frente a la corrupción y que lleven a cabo un mayor monitoreo (*monitoring*) externo para aumentar la
50 transparencia y reducir la corrupción.

• **Corrupción educativa**

    La corrupción educativa incluye el robo de materiales en las escuelas y las universidades, al igual que el fraude
55 por parte de los administradores. Oficiales corruptos se dedican a venderles a los estudiantes materiales que originalmente eran gratis; hay profesores que dan mejores
60 calificaciones a los estudiantes a cambio de un pago. Esto es muy dañino para los estudiantes y la sociedad.

• **Corrupción deportiva**

    El deporte profesional se ha convertido
65 en un negocio multimillonario donde existe la corrupción vinculada a intereses políticos y privados. Un mejor monitoreo de las finanzas en los deportes resultará en una mayor
70 transparencia y en competencias deportivas más justas.

Además de estos enfoques, TI se dedica también a reducir la corrupción en otros

Realidades 4

Nombre _____

Fecha _____

Tema 9

Nuestra compleja sociedad:
Lectura 3 (continuación)

75 sectores menos conocidos, como el acceso a la información, el control de las fuentes de agua, la explotación de los recursos forestales y el uso de las fuentes de energía como el petróleo y el gas. Otra de las iniciativas más interesantes de TI es la
80 publicación del "Índice de Transparencia". Este índice identifica los países donde hay un menor nivel de transparencia y mayores niveles de corrupción.

Fundada en 1993, hoy TI tiene oficinas
85 en más de 100 países, incluyendo Estados Unidos, México, Argentina, Colombia, Perú y España. Transparencia Internacional España (TI-España) lleva varios años publicando informes
90 detallados de todos los ayuntamientos de España. En 2013, España aprobó la "Ley de Transparencia, Acceso a la Información Pública y Buen Gobierno"

y TI-España está jugando un papel
95 importante en ayudar a los ciudadanos a utilizar al máximo esta ley para reducir la corrupción.

Transparencia Internacional considera que la lucha contra la corrupción es
100 trabajo de todos y que la corrupción se puede erradicar si todos nos dedicamos a cambiar los sistemas que la facilitan. ¿Quieres ayudar a erradicar la corrupción en tu comunidad? Pues puedes ayudar a
105 Transparencia Internacional participando en sus foros de discusión por Twitter®, denunciando casos de corrupción en tu comunidad, o ayudando a dar a conocer y publicar las investigaciones
110 y recomendaciones de Transparencia Internacional. ¿Quién dice que no puedes hacer nada? Puedes hacer mucho contra la corrupción. ¡Y esto sí que es noticia!

Vocabulario y comprensión

1. **Vocabulario** Contesta las preguntas.

Parte A: Lee la siguiente cita: "TI reconoce que el pago de sobornos a ejecutivos de empresas privadas es un tipo de corrupción muy generalizado en el mundo" [líneas 39–42]. ¿Cuáles de estas palabras te ayudan a entender la palabra "soborno"? Elige **dos** opciones.

A pago

B privadas

C generalizado

D corrupción

Parte B: Según tu respuesta en la parte A, ¿qué significa la palabra "soborno" en este contexto? Escoge la opción apropiada.

A el salario de un ejecutivo de una empresa privada

B el dinero que se paga ilegalmente a un ejecutivo

C un descuento que se da a un empresario importante

D un premio que se paga a los ejecutivos de muchas empresas

2. **Composición y estructura** Observa la expresión "Esto sí es noticia" en el título y al final. ¿Qué puedes inferir en cuanto al punto de vista del autor al usar esta frase?

A Su punto de vista es que solo lo que él escribe es importante y las demás noticias se pueden ignorar, pues son de poca importancia.

B Su punto de vista es que Transparencia Internacional se debe convertir en una agencia de noticias y publicar un periódico a nivel mundial.

C Es una manera de decir que las noticias de corrupción son muy comunes, pero el trabajo de TI ofrece algo nuevo a la comunidad en general.

D Es una manera de decir que la corrupción en el mundo es algo nuevo y debe comentarse en las noticias.

3. **Composición y estructura** Según el texto, ¿cuál es la relación entre "corrupción" y "transparencia" con respecto a la información y a los procesos?

A La transparencia y la corrupción van mano a mano.

B Mientras más aumentan los controles, más aumenta también la corrupción.

C Mientras más aumenta la transparencia, más aumenta también la corrupción.

D Mientras más aumenta la transparencia, más disminuye la corrupción.

Vocabulario y comprensión (continuación)

4. **Ideas clave y detalles**   Según la información que presenta el autor, ¿cuál es el punto de vista de la organización TI frente a la corrupción?

   A Es algo muy complicado que nunca vamos a comprender completamente, pues hay muchas categorías de corrupción en diferentes partes del mundo.

   B Hay corrupción en todas las áreas de la sociedad, no solo en la política y las empresas privadas, y se puede combatir con una mayor transparencia y la colaboración del público.

   C La corrupción es algo que existe principalmente entre los políticos de los países ricos y se la puede combatir participando en foros de discusión de redes sociales.

   D Es algo muy generalizado en el mundo y lo mejor es adoptar una posición de tolerancia, pues la corrupción es una señal de progreso.

5. **Ideas clave y detalles**   ¿Cuál es el propósito principal de este texto?

   A denunciar la corrupción que hay en España y en el resto del mundo

   B explicar qué es una buena noticia y una mala noticia y cómo distinguirlas

   C explicar por qué las oficinas de TI en España son las más importantes

   D explicar qué hace TI contra la corrupción y cómo la sociedad en general puede ayudar

Realidades 4

Tema 9

Nombre _____

Fecha _____

Nuestra compleja sociedad: Integración de ideas

Escribir

Escribe un ensayo para expresar tu posición a favor o en contra del siguiente tema. Debes apoyar tu posición con evidencia de las tres lecturas.

"Para resolver los problemas de nuestra sociedad, es más importante la labor de grandes organizaciones internacionas como TI, pues los problemas de hoy son muy grandes. Los programas como la Asociación Las Tías y el Nuevo Modelo de Gestión Penitenciaria no son de mucha ayuda realmente, pues son programas pequeños".

_____

_____

_____

_____

_____

_____

_____

_____

_____

Writing Task Rubric

	Score: 1 Does not meet expectations	Score: 3 Meets expectations	Score: 5 Exceeds expectations
Completion of task	Does not complete the task within context of the topic.	Partially completes the task within context of the topic.	Effectively completes the task within context of the topic.
Use of evidence	Student presents no evidence from the selections to support response.	Student presents evidence from only two selections to support response.	Student presents evidence from all three selections to support response.
Comprehensibility	Student's ideas are unclear and are difficult to understand.	Student's ideas are somewhat clear and coherent and fairly well understood.	Student's ideas are clear, coherent and easily understood.
Language use	Very little variation of vocabulary use with many grammatical errors.	Limited usage of vocabulary with some grammatical errors.	Extended use of a variety of vocabulary with very few grammatical errors.
Fluency	Uses simple sentences or fragments.	Uses complete but simple sentences.	Uses a combination of simple and complex sentences.

Realidades **4**   Nombre _____   Fecha _____

Tema 9

Nuestra compleja sociedad: Integración de ideas (continuación)

Hablar y escuchar

Con un compañero, preparen una presentación que responda a estas preguntas: ¿Cuál de las tres organizaciones o instituciones presentadas en estos artículos se dedica a resolver un problema social que es común en el área donde viven? ¿Qué se hace en su comunidad para enfrentar ese problema? ¿Y qué contrastes o similitudes hay entre lo que se hace en su comunidad y lo que leyeron? Acompañen la presentación con algún elemento visual como tablas, gráficos o carteles.

Presentational Speaking Task Rubric

	Score: 1 Does not meet expectations	Score: 3 Meets expectations	Score: 5 Exceeds expectations
Completion of task	Does not complete the task within context of the topic.	Partially completes the task within context of the topic.	Effectively completes the task within context of the topic.
Use of evidence	Student presents no evidence from the selections to support response.	Student presents evidence from only two selections to support response.	Student presents evidence from all three selections to support response.
Comprehensibility	Student's ideas are unclear and are difficult to understand.	Student's ideas are somewhat clear and coherent and fairly well understood.	Student's ideas are clear, coherent and easily understood.
Language use	Very little variation of vocabulary use with many grammatical errors.	Limited usage of vocabulary with some grammatical errors.	Extended use of a variety of vocabulary with very few grammatical errors.

El microcrédito: una alternativa financiera

1 Hace tres años Adela, de 42 años, se encontraba en una situación difícil. Su esposo había perdido su trabajo y no tenían casi ahorros para afrontar los gastos

5 de la familia. Para ayudarlo, Adela decidió que quería trabajar vendiendo verduras en el mercado, pero la familia no tenía dinero para comprar las verduras ni para pagar la tarifa del puesto. Un día, su vecina

10 Rosario la entusiasmó para que se acercara a ASODOMIF (Asociación de Villa Dolores de Microfinanciamiento). Adela, sin nada que perder, asistió a una reunión informativa y lo demás es historia. Hoy,

15 después de tres años, Adela se siente feliz porque, gracias a ASODOMIF, pudo cumplir con su sueño de abrir un puesto de verdulería en el mercado del pueblo de Dolores, a pocos kilómetros de su

20 casa y su huerta (*vegetable garden*). Con el saldo del dinero que gana semanalmente, puede sumar lo suficiente como para seguir invirtiendo en su pequeño negocio, ayudar a su esposo con los gastos de

25 sus dos hijos y cada tanto contribuir a la cuenta de ahorros de la familia.

La historia de Adela no es un caso aislado. Al igual que ella, hay muchos ejemplos de microemprendedores que han

30 prosperado en sus negocios, gracias a su trabajo, inteligencia y algo muy importante: la posibilidad de acceder a (*have access to*) un crédito. Claro, no todas las personas tienen la posibilidad de obtener grandes sumas de

35 dinero en un banco, pero para esa gente no todo está perdido: el microcrédito puede ser una solución.

El microcrédito es una forma de adquirir pequeños préstamos de dinero

40 que ha ganado popularidad en los últimos años. Consiste en prestar una pequeña suma de dinero a aquellas personas de pocos recursos que desean iniciar un negocio pequeño y que tienen poco o nada

45 de dinero ahorrado.

Generalmente, los bancos solo dan crédito a las personas o empresas que tienen ingresos muy altos. Con el sistema del microcrédito se puede favorecer a

50 las tiendas pequeñas—también llamadas microempresas— e incluso a las personas que trabajan individualmente, como por ejemplo los vendedores ambulantes de tamales o a aquellas personas que quieren

55 abrir un kiosco o una panadería.

Por ejemplo, un microcrédito puede empezar con $30 pesos semanales, dinero suficiente como para permitir que una persona empiece y mantenga un pequeño

60 negocio o iniciativa. Para lograr esta meta se han formado cooperativas, o pequeños bancos comunitarios que dan estos préstamos, además de entrenamiento sobre las finanzas y los negocios. Cada

65 vez que el microemprendedor devuelve el crédito, él o ella tiene la oportunidad de renovar el crédito por una suma igual o superior. Gracias a este sistema, familias que antes vivían en condiciones de

70 pobreza han podido acceder a un crédito, comenzar su propia empresa y salir adelante económicamente.

Como todo sistema financiero, el microcrédito tiene sus ventajas y sus

75 desventajas. El lado positivo es que se pueden formar empresas familiares de manera relativamente rápida. Otro beneficio es que las tasas de interés para

80 pagar el préstamo son más bajas que
las de los bancos comunes, por lo tanto
la gente que recibe el préstamo no se
endeuda tanto. Las desventajas incluyen
el riesgo de que alguna gente malgaste el
dinero en compras personales, es decir,
85 que no lo inviertan en su negocio. Los
especialistas dan dos consejos importantes
para las personas que reciben los
créditos: invertir el dinero con cuidado
y tener disciplina para hacer los pagos
90 regularmente y a tiempo.

El microcrédito ha tenido mucho éxito
en Latinoamérica, sobre todo en zonas
donde hay pocas posibilidades de empleo
y la gente necesita salir adelante trabajando
95 por su cuenta. Además, se observa que
generalmente los emprendedores cumplen
con las fechas de pago, gracias a que los
intereses del microcrédito son muy bajos.

Es importante mencionar que entre el
100 grupo más beneficiado con este sistema
se destacan las mujeres, especialmente
las que viven en pueblos rurales, pues
desempeñan un papel importante en la
economía de su hogar. Generalmente estas
105 mujeres emprendedoras de pocos recursos
quieren encontrar nuevas alternativas
para sacar adelante a su familia. Hoy, con
los microcréditos que reciben, muchas
mujeres pueden mejorar sus posibilidades

110 de trabajar de manera independiente y de
contribuir a la economía familiar. Sin duda,
el microcrédito es una puerta abierta para
las personas que, como Adela, no tienen
recursos financieros pero sí poseen una
115 gran iniciativa personal y comercial para
realizar sus sueños.

**Vendedora de pescado en
Barranquilla, Colombia**

Vocabulario y comprensión

1. **Vocabulario** La lectura explica que " El microcrédito es una forma de adquirir préstamos de dinero que ha ganado popularidad en los últimos años" [líneas 38–41]. Contesta las preguntas.

   Parte A: Según lo que leíste, ¿qué significa el prefijo "micro-"?

   A popular   **C** grande

   B económico   **D** pequeño

   Parte B: Empareja las palabras que siguen con las definiciones apropiadas.

   | microfinanciamiento   microcrédito   microemprendedor   microempresa |

   _____ **A** la persona que recibe un microcrédito o crédito pequeño

   _____ **B** una pequeña suma de dinero que una institución financiera presta a un cliente a una baja tasa de interés

   _____ **C** un programa que ofrece pequeños préstamos en una comunidad

   _____ **D** un pequeño negocio o tienda

2. **Vocabulario** Observa la expresión "salir adelante" [líneas 71–72]. ¿Qué quiere decir esta frase en el contexto de la lectura?

   A que personas con poco dinero pueden tener su propio negocio

   B que los bancos pueden ayudar a personas de pocos recursos

   C que personas con poco dinero pueden mejorar su situación económica

   D que los bancos pueden dar pequeños créditos

3. **Vocabulario** El autor concluye diciendo que "el microcrédito es una puerta abierta" [línea 112]. ¿Qué significa la expresión "puerta abierta" en el contexto de esta lectura?

   A un mensaje

   B una situación

   C una oportunidad

   D una idea

Realidades ④

Tema 10

Nombre _____

Fecha _____

Hora _____

Vocabulario y comprensión (continuación)

4. Ideas clave y detalles   ¿Cuál es el propósito de esta lectura?

 A explicar un modelo de ayuda financiera a pequeña escala

 B promover negocios donde trabaje toda la familia

 C explicar que la mujer debe salir a trabajar para ayudar a la familia

 D poner énfasis en la pobreza de las zonas rurales

5. Idea clave y detalles   Según la lectura, ¿en cuáles de los siguientes casos sería apropiado solicitar un microcrédito? Elige **dos** opciones.

 A Un matrimonio quiere poner un puesto de tortillas en la plaza de su pueblo.

 B Una pareja de recién casados necesita un refrigerador y una lavadora para su nueva casa.

 C Un artesano necesita herramientas para fabricar artículos de cuero para vender.

 D El dueño de una cadena de hotelera quiere abrir un nuevo hotel en Cancún.

6. Idea clave y detalles   Identifica la opción apropiada que describe la característica principal del microcrédito.

 A tener pequeños ahorros en el banco

 B ser mujer o vivir en una zona rural

 C prestar poco dinero a bajo interés para que una persona empiece un negocio o proyecto

 D prestar una suma de dinero a bajo interés para la compra de objetos personales

Mujeres 2000: las empresarias del siglo XXI

1 En el año 2000 se formó una organización llamada Mujeres 2000, cuyo objetivo principal es ayudar a mujeres y familias de bajos recursos
5 económicos en las ciudades de Tigre y San Fernando, en la Provincia de Buenos Aires, Argentina. Se trata básicamente de un grupo de jóvenes voluntarios profesionales y universitarios que brindan
10 apoyo a familias con bajos ingresos, ya sea para comenzar su propio negocio, para la construcción de una vivienda o para financiar estudios universitarios.

    Esta organización les ofrece a las
15 mujeres en situación de pobreza de estas ciudades dos recursos muy importantes: el microcrédito y la educación. Es decir, los clientes de esta organización de microfinanciamiento reciben una pequeña
20 cantidad de dinero administrado por una cooperativa de su comunidad.

    La organización Mujeres 2000 recorrió muchos barrios pobres del Gran Buenos Aires, Argentina, y con su propuesta de
25 microcrédito y consejos para invertir el dinero de manera inteligente logró excelentes resultados. Mujeres 2000 considera que el secreto del éxito no es el dinero, sino el entrenamiento para saber
30 utilizarlo. Por esa razón, las mujeres que reciben el préstamo cuentan con la asistencia técnica de la organización que les sirve de guía constante. ¿Cómo invertir el préstamo? ¿Qué tipo de negocio
35 se puede abrir? ¿Cuándo hay que pagar las cuotas (*repayment*)? ¿Qué hacer con el dinero que se gana? Estas son solo algunas de las preguntas que Mujeres 2000 responde a diario.

40   Además, Mujeres 2000 incentiva la creación de empresas familiares, considerando que la asociación laboral entre parientes es una manera de dar empleo a personas que tal vez no lo encontrarían
45 de otra forma. El concepto general es que todos los miembros de la familia presenten ideas y trabajen juntos, lo cual genera el empoderamiento del grupo para realizar proyectos y lograr objetivos en común.

50   ¿Cuál es el paso inicial para formar parte de Mujeres 2000? Solo basta acercarse a la institución con buenas ideas y un poco de organización. Las mujeres interesadas presentan un proyecto
55 comercial o de inversión, y Mujeres 2000 las guía para diseñarlo y administrarlo de manera efectiva. Una vez que se aprueba el crédito, el grupo cooperativo entrega el dinero y se forman grupos que se reúnen
60 semanalmente, en los cuales pagan las cuotas establecidas y aportan ideas que puedan mejorar el programa.

    Quienes participan en el proyecto dieron testimonios muy precisos del éxito de este
65 programa: "Mujeres 2000 te impulsa al éxito... te capacita... organiza tu negocio... te da una mejor calidad de vida". Según una encuesta realizada por la consultora TNS Gallup, casi el 50% de las participantes
70 de Mujeres 2000 expresaron una mejoría notable en su calidad de vida. Este bienestar personal hace que las mujeres recomienden el programa a otras personas. A continuación se presentan dos gráficas
75 con los porcentajes correspondientes a la recomendación de participar en Mujeres 2000 y a las posibilidades de volver a renovar este servicio.

El empleo y la economía: Lectura 2 (continuación)

Como se puede observar, las gráficas
80 son un testimonio de que el éxito de
Mujeres 2000 es casi total. Numerosas
mujeres y familias enteras de pocos
recursos en las zonas de Tigre y San

Fernando cuentan ahora con un grupo de
85 apoyo que las guía hacia el camino del
éxito, que les trae bienestar económico y
mejor calidad de vida.

Gráfica 1: ¿Recomendarías los servicios de préstamos y entrenamiento a tus amigas o vecinas?

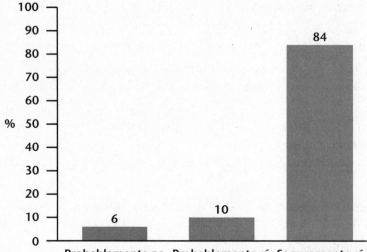

Gráfica 2: ¿Renovarías los servicios de préstamos y entrenamiento que actualmente tienes?

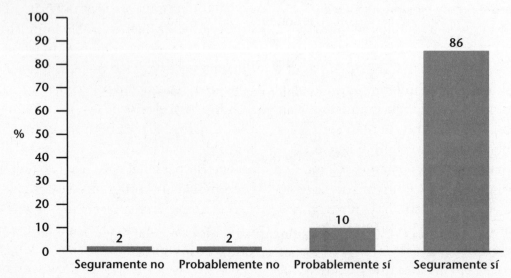

Fuente: Elaborado con información de TNS Gallup para un estudio de satisfacción de beneficiarias de Mujeres 2000.

Vocabulario y comprensión

1. **Vocabulario**   Observa la palabra "empoderamiento" [línea 48] y contesta las preguntas.

   Parte A: Identifica su raíz o palabra base.

   Palabra base: _____

   Parte B: Según tu respuesta en la parte A, ¿qué quiere decir la palabra "empoderamiento" en este contexto?

   A dar poder de acción a personas que no tienen recursos económicos propios para hacer realidad sus planes

   B dar dinero prestado a familias y mujeres para empezar un negocio, construir una casa o comprarse objetos personales

   C devolver el dinero prestado a tiempo para que los inversores puedan prestar más dinero

   D recibir entrenamiento y educación para poder asistir a la universidad

2. **Ideas clave y detalles**   Según la lectura, ¿a qué se debe el éxito del programa Mujeres 2000?

   A a que dan los microcréditos a personas que pueden pagar las cuotas

   B a que solo dan créditos a familias donde todos los miembros participan

   C a que se le da más importancia al entrenamiento y la educación sobre finanzas que al dinero

   D a que las reuniones semanales son una oportunidad para informarse y divertirse

3. **Ideas clave y detalles**   ¿Cuál es la idea central de la selección?

   A Las mujeres argentinas son el único recurso para sacar adelante a la familia, ya que tienen mucha iniciativa y trabajan muy duro.

   B El trabajo de Mujeres 2000 ayuda al desarrollo de los padres de las familias en los barrios pobres de la Provincia de Buenos Aires.

   C Es posible solicitar un crédito a un banco sin pagar altas tasas de intereses si eres miembro de Mujeres 2000.

   D Mujeres 2000 es una organización que se dedica a ayudar a mujeres y familias de bajos recursos por medio del microcrédito y de la educación.

Vocabulario y comprensión (continuación)

4. **Composición y estructura**   Lee la siguiente oración: "Las mujeres interesadas presentan un proyecto comercial o de inversión, y Mujeres 2000 las guía para diseñarlo y administrarlo de manera efectiva" [líneas 53–57]. ¿Qué se puede inferir con respecto a las mujeres que reciben la ayuda? Escoge **dos** opciones.

   A que no saben mucho de economía, finanzas y administración de negocios

   B que no saben leer ni escribir y necesitan ayuda para escribir el proyecto

   C que tienen mucha experiencia trabajando en empresas y negocios

   D que reciben buenos consejos para administrar el dinero

5. **Composición y estructura**   La lectura termina con dos gráficas realizadas a partir de una encuesta. ¿Qué demuestran estas gráficas?

   A que las clientas están satisfechas con el servicio y lo recomendarían a otras personas

   B que el porcentaje de microcréditos para el trabajo es mayor que para las viviendas

   C que la mayoría de las mujeres no renueva el servicio

   D que las mujeres de Tigre y San Fernando no están satisfechas con el programa

El empleo y la economía: Lectura 3

Mujeres que salieron adelante

1 **Testimonios**

Para saber si un proyecto tiene éxito, lo mejor es escuchar los testimonios de quienes participan en él. Muchas mujeres con problemas económicos tuvieron la suerte de descubrir el programa Mujeres 2000, el cual lleva más de una década

5 ayudando a mujeres dispuestas a trabajar. El vivir en barrios pobres de Buenos Aires no fue un impedimento para que estas mujeres recibieran la ayuda económica y los consejos apropiados para iniciar sus microemprendimientos. Veamos qué es lo que ellas tienen para decir.

Cintia: un cambio más allá de lo económico

10 Como ejemplo de los resultados positivos de Mujeres 2000 está el testimonio de Cintia, una mujer emprendedora que no le tuvo miedo a plantar una semilla para obtener un árbol de flores. Cintia primero recibió un microcrédito de aproximadamente 120 dólares estadounidenses, lo cual le sirvió para comprar mercadería y comenzar con un pequeño almacén (*grocery store*). Luego recibió dos

15 microcréditos más para hacer crecer su negocio. El entusiasmo y la decisión de Cintia fueron fundamentales para emprender este proyecto. Según sus propias palabras: "Yo arranqué con una heladera de mi casa... no tenía nada. Empecé vendiendo bebidas. Con el primer préstamo compré solamente bebidas".

Cintia, con su espíritu emprendedor, tuvo la inteligencia suficiente para invertir

20 el dinero que ganó en muebles y reparaciones en su almacén. Con los microcréditos siguientes, su negocio ya empezaba a crecer. Pero además del crecimiento económico, hubo un cambio importante en la calidad de vida. Cuando le preguntan cómo cambió su vida a partir de esta experiencia, Cintia explica: "Me cambió un montón... En el barrio no me daba con mucha gente... Ahora vienen a comprar

25 y me quedo media hora hablando. Me sirvió para ser más simpática... Soy más conocida".

Concepción: el orgullo de agrandar su casa y dar una educación a su hija

Concepción Barrios también logró éxito con Mujeres 2000 y su testimonio sirve de esperanza a otras mujeres que necesitan ayuda. Concepción no pudo terminar

30 la escuela primaria; tampoco tenía experiencia comercial. Sin embargo, gracias a Mujeres 2000, consiguió un microcrédito de 200 pesos argentinos y compró productos de limpieza para vender en su barrio. La tarea era dura, pues vendía

estos productos caminando y tocando a la puerta de cada casa. Pasaron algunos
años hasta que ella pudo ver los beneficios, pero cuando repagó los préstamos le

35 quedaron ganancias. Concepción no gastó el dinero; por el contrario, lo volvió a
invertir en más mercadería. También consiguió otro microcrédito, esta vez de 2000
pesos. Con ese dinero amplió su negoció y hoy tiene una pequeña tienda. Gracias a
su esfuerzo y disciplina con el dinero, también pudo agrandar su casa y pagar los
gastos universitarios de su hija.

40 Estos testimonios de emprendedoras como Cintia y Concepción confirman que
la iniciativa personal es el primer paso para salir adelante y superar los problemas
económicos. En segundo lugar, la disciplina para trabajar y realizar los pagos a
tiempo permite solicitar la renovación del crédito. Por último, la reinversión de las
ganancias da como fruto el crecimiento de las microempresas y la satisfacción de

45 tener una mejor calidad de vida.

Realidades 4

Tema 10

Nombre _____

Hora _____

Fecha _____

Vocabulario y comprensión

1. **Vocabulario**   Observa las palabras "microemprendimiento" [línea 7], "emprendedora" [línea 11] y "emprendedor" [línea 19] en la lectura. ¿Con qué palabra se relacionan?

    A comprar

    B empresa

    C prender

    D prendas

2. **Vocabulario**   Lee la siguiente oración: "El vivir en barrios pobres de Buenos Aires no fue un impedimento para que estas mujeres recibieran la ayuda económica y los consejos apropiados para iniciar sus microemprendimientos". [líneas 5–7]? ¿Qué significa la palabra "impedimento"?

    A una falta de dinero

    B un obstáculo

    C un buen consejo

    D una mala inversión

3. **Vocabulario**   Observa las siguientes palabras: "repagó" [línea 34], "renovación" [línea 43], "reinversión" [línea 43]. ¿Qué significa el prefijo "re-"?

    A reducir

    B volver a

    C empezar de nuevo

    D devolver

4. **Composición y estructura**   El autor utiliza lenguaje figurativo al decir "plantar una semilla para obtener un árbol de flores". [líneas 11–12] ¿Qué significa esta expresión en el contexto de la historia de Cintia?

    A ahorrar dinero antes de pedir un microcrédito

    B recibir un crédito de mucho dinero y perderlo rápidamente

    C dedicarse a la empresa de cultivo de flores y plantas

    D empezar con pocos recursos y trabajar para obtener beneficios

Vocabulario y comprensión (continuación)

5. **Ideas clave y detalles**   Cintia y Concepción son dos ejemplos de personas que mejoraron su calidad de vida con el programa Mujeres 2000. ¿Cuáles de estas citas indican un cambio positivo en la calidad de vida de las dos? Elige **dos** opciones.

   A "Yo arranqué con una heladera de mi casa... no tenía nada".

   B "Ahora vienen a comprar y me quedo media hora hablando".

   C "Pudo agrandar su casa y pagar los gastos universitarios de su hija".

   D "Compró productos de limpieza para vender en su barrio".

6. **Ideas clave y detalles**   El autor dice que uno de los secretos para que este programa funcione es "realizar los pagos a tiempo" [líneas 42–43]. ¿Por qué recomienda hacer esto?

   A para que los administradores del programa acepten ofrecer más microcréditos

   B para que las mujeres cancelen su deuda cuanto antes y disfruten de las ganancias

   C porque después de pagar, las empresarias pueden recibir interés del dinero que pidieron

   D porque Mujeres 2000 no publicará testimonios de las personas que tengan deudas

7. **Ideas clave y detalles**   ¿Qué tienen en común Cintia y Concepción?

   A Ambas mujeres tenían dinero ahorrado para empezar la empresa.

   B Sus empresas están relacionadas con la venta de alimentos únicamente.

   C Por la gran cantidad de dinero que ganaron rápidamente, las mujeres no tuvieron que pedir más microcrédito.

   D Ambas mujeres volvieron a invertir el dinero ganado para ampliar su negocio.

El empleo y la economía: Integración de ideas

Escribir

La pobreza es un problema que afecta a algunas regiones de América Latina. Escribe un breve ensayo explicando cómo el concepto de microcrédito permite que organizaciones como Mujeres 2000 puedan cambiar la vida de mujeres como Cintia y Concepción. Cita evidencia de las tres lecturas.

_____

_____

_____

_____

_____

_____

_____

_____

Writing Task Rubric

	Score: 1 Does not meet expectations	Score: 3 Meets expectations	Score: 5 Exceeds expectations
Completion of task	Does not complete the task within context of the topic.	Partially completes the task within context of the topic.	Effectively completes the task within context of the topic.
Use of evidence	Student presents no evidence from the selections to support response.	Student presents evidence from only two selections to support response.	Student presents evidence from all three selections to support response.
Comprehensibility	Student's ideas are unclear and are difficult to understand.	Student's ideas are somewhat clear and coherent and fairly well understood.	Student's ideas are clear, coherent and easily understood.
Language use	Very little variation of vocabulary use with many grammatical errors.	Limited usage of vocabulary with some grammatical errors.	Extended use of a variety of vocabulary with very few grammatical errors.
Fluency	Uses simple sentences or fragments.	Uses complete but simple sentences.	Uses a combination of simple and complex sentences.

Tema 10

El empleo y la economía:
Integración de ideas (continuación)

Hablar y escuchar

En grupos pequeños, diseñen un programa parecido a Mujeres 2000 para ayudar a personas de su comunidad o de alguna zona que lo necesite. Consideren estas preguntas: ¿Cómo se llamaría el programa? ¿A qué parte de la población quieren ayudar? ¿Cuánto dinero prestarían? ¿Qué condiciones pondrían? ¿Qué sugerencias y consejos le darían a la gente para invertir el dinero? Utilicen la información de las lecturas como referencia. Luego, presenten sus ideas a la clase y acompañen su presentación con un afiche o elemento visual.

Presentational Speaking Task Rubric

	Score: 1 Does not meet expectations	Score: 3 Meets expectations	Score: 5 Exceeds expectations
Completion of task	Does not complete the task within context of the topic.	Partially completes the task within context of the topic.	Effectively completes the task within context of the topic.
Use of evidence	Student presents no evidence from the selections to support response.	Student presents evidence from two selections to support response.	Student presents evidence from all three selections to support response.
Comprehensibility	Student's ideas are unclear and are difficult to understand.	Student's ideas are somewhat clear and coherent and fairly well understood.	Student's ideas are clear, coherent and easily understood.
Language use	Very little variation of vocabulary use with many grammatical errors.	Limited usage of vocabulary with some grammatical errors.	Extended use of a variety of vocabulary with very few grammatical errors.

Fútbol, pasión de multitudes

1　¿Qué deporte mira la gente de Latinoamérica y Europa los domingos por la tarde? ¿Qué deporte se escucha por la radio? ¿A qué juegan
5　los niños en los parques de Argentina, Colombia, España y México? ¿De qué habla la gente el lunes por la mañana? ¡De fútbol, claro!

Por estas y muchas otras razones,
10　se dice que el fútbol es una pasión de multitudes. Veamos el caso de Argentina. En este país, muchos niños sueñan con llegar a ser grandes estrellas deportivas y jugar en equipos internacionales. Así
15　le ocurrió a Lionel Messi, el rosarino que de niño se mudó con su familia a España y empezó a jugar para el Fútbol Club Barcelona, conocido popularmente como el Barça. Hoy, Messi es uno de los
20　mejores jugadores del mundo, siendo la figura principal del Barça y también de la selección argentina de fútbol cada vez que se juega el Mundial de Fútbol.

Los fanáticos del fútbol dedican mucho
25　tiempo y toda su energía a cada partido que ven. Se pintan la cara con los colores de su equipo favorito, inventan cánticos con letras graciosas y música popular que cantan desde las tribunas (*grandstands*)
30　de los estadios, ya sea para animar a su

Fanáticos animan a la selección argentina desde la tribuna

equipo o intimidar al equipo adversario. A veces, la alegría y el entusiasmo son tan efusivos que se convierten en disturbios, alterando el orden del estadio. Esto

35 ocurre principalmente cuando se juegan los "clásicos" en los que se enfrentan los equipos rivales más populares de cada ciudad, como es el caso de River Plate y Boca Juniors en Buenos Aires, o el de

40 Newell's Old Boys y Rosario Central en la ciudad de Rosario.

El fanatismo llega a tal extremo que incluso algunos de estos fanáticos inscriben (*register*) a sus bebés en su club

45 de fútbol favorito antes de que nazcan. Y muchos eligen para sus hijos nombres de jugadores famosos, como Lionel (Messi) o Diego Armando (Maradona).

Y si hablamos de mercadería y accesorios

50 con los nombres de los equipos, hay tanta gente con camisetas de fútbol caminando por la calle que no se sabe cuáles son jugadores de verdad. Hasta hay museos de fútbol, como el Museo River del club River

55 Plate. ¡Y hasta el Club Boca Juniors tiene un cementerio propio para sus miembros!

Tradicionalmente, el fútbol ha sido un deporte para hombres, donde se sabe que los fanáticos van a la cancha

60 a expresar sus emociones de manera extremadamente apasionada. Así, la cancha de fútbol es el lugar donde al hombre se le permite todo: gritar hasta que le duelan los pulmones, llorar de la

65 emoción o de la tristeza sin consuelo. Muchos especialistas en psicología dicen que hay que entender que presenciar un evento de fútbol es un episodio de alto estrés, en el cual el hombre demuestra

70 sus alegrías y frustraciones. Sin embargo, hoy por hoy el fútbol no es una cosa exclusivamente de hombres. En los últimos años los equipos femeninos de fútbol están ganando popularidad. Y a

75 diferencia de décadas anteriores, en las tribunas vemos más mujeres que van a ver partidos de fútbol con su familia y a pasarlo bien.

El fútbol también se lee, y no solo

80 en revistas deportivas. Se puede decir que el fútbol también tiene su espacio en la literatura. Hay una generación de escritores, también seguidores (*followers*) de este deporte, que narran las

85 experiencias de los fanáticos de manera humorística y a la vez instructiva, como es el caso del genial Roberto Fontanarrosa, de la ciudad de Rosario, quien observa: "También noto que hay muchas personas

90 que no son lectores habituales pero se acercan a los libros por el fútbol".

Ya sea que la pasión se exprese en la cancha, al mirar un partido por televisión, al escucharlo en la radio, al jugar a la

95 pelota en la plaza o al leer un libro, todos tienen algo que hacer el lunes por la mañana: hablar de fútbol.

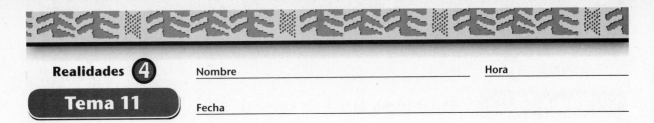

Vocabulario y comprensión

1. **Vocabulario** Lee la cita: "Esto ocurre principalmente cuando se juegan los 'clásicos'". [líneas 34–36] ¿Qué significa la palabra "clásicos" en este contexto?

   A canciones que se cantan en la cancha contra los rivales

   B partidos importantes entre equipos de distintas ciudades

   C partidos importantes entre equipos con una larga rivalidad

   D canciones que se cantan para alterar el orden de la cancha

2. **Vocabulario** Lee esta cita del texto: "inventan cánticos con letras graciosas y música popular que cantan desde las tribunas". [líneas 27–29]. Contesta las preguntas.

   Parte A: ¿Qué palabras del contexto te ayudan a entender el significado de "cántico". Elige **dos** opciones.

   A música   **C** graciosas

   B cantan   **D** tribuna

   Parte B: Según tu respuesta en la parte A, identifica la definición apropiada de la palabra "cánticos".

   A música que toca la banda desde la tribuna

   B cartas graciosas escritas por los fanáticos a los jugadores de su equipo

   C carteles con las canciones del equipo para asustar al equipo rival

   D canciones cantadas por los fanáticos para apoyar a su equipo

3. **Vocabulario** Lee los párrafos tres y cuatro completos. [líneas 24–48] Contesta las preguntas.

   Parte A: Según el contexto, ¿qué característica esencial asocias con la palabra "fanático"?

   A habilidad para pintar

   B mucho entusiasmo por las ideas políticas

   C ganas de cantar siempre y conocimiento de música

   D mucho entusiasmo por el fútbol

Vocabulario y comprensión (continuación)

Parte B: Según tu respuesta en la parte A, identifica la definición apropiada de "fanático".

  A un extremista político   **C** un aficionado al fútbol

  B una persona que canta canciones   **D** un atleta de fútbol

4. **Composición y estructura** La palabra que usa el escritor para definir el fútbol es "pasión". Identifica **dos** ejemplos que usa el autor para ilustrar este concepto.

  A "¡Y hasta el Club Boca Juniors tiene un cementerio propio para sus miembros!"

  B "Messi es uno de los mejores jugadores del mundo".

  C "Tradicionalmente, el fútbol ha sido un deporte para hombres".

  D "Todos tienen algo que hacer el lunes por la mañana: hablar de fútbol".

5. **Idea clave y detalles** ¿Cómo cambió el concepto de "deporte de hombres" con relación al fútbol?

  A Los padres dan a sus hijas nombres de jugadoras de fútbol.

  B Los hombres ahora expresan menos emociones que antes.

  C Las mujeres ahora participan y disfrutan del fútbol más que antes.

  D El fútbol femenino causa más disturbios que el fútbol masculino.

6. **Idea clave y detalles** ¿Por qué el texto explica que un pasatiempo como el fútbol puede producir estrés?

  A porque los hombres están muchas horas fuera de casa sin su familia

  B porque las mercancías que venden cuestan muchísimo dinero

  C porque los fanáticos dedican tiempo a la lectura de libros sobre fútbol

  D porque los fanáticos manifiestan sus emociones intensamente

7. **Idea clave y detalles** ¿Cuál es el propósito principal de esta lectura?

  A hablar de jugadores famosos del fútbol argentino

  B promover la participación de más mujeres argentinas en el fútbol

  C explicar el gran entusiasmo que causa el fútbol en Argentina

  D presentar libros argentinos relacionados con el fútbol

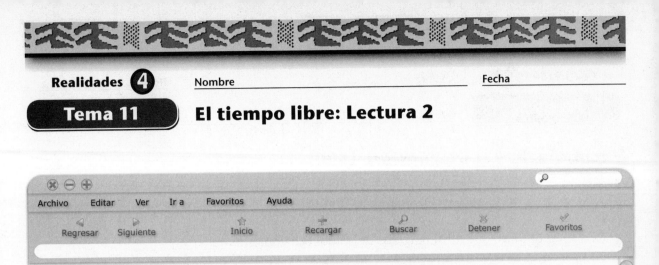

Así es, vive y siente un verdadero hincha de fútbol

1   Que quede claro: el día más importante para un hincha de fútbol es el domingo. Es el día especial para ir a la cancha. En la Argentina, un verdadero hincha de fútbol almuerza con su familia y después se va a la cancha para apoyar a su equipo y vivir cada partido como si fuera el último. ¿Y por qué no mirar el partido por televisión?

5   Solo en casos de extrema necesidad, como una enfermedad. No hay nada como vivir cada minuto del partido desde la tribuna, con la compañía de los demás hinchas y la mirada provocadora de los que siguen al equipo rival.

Se puede decir que el hincha tiene algo de músico. Por eso, muchas veces sale de su casa cantando "Olé, olé, olé, oléee...", la misma canción que cantará en la cancha

10   una y otra vez, en cada partido, todos los domingos.

Y se dice también que el verdadero hincha tiene algo de artista. Un poco de pintura amarilla, otro poco de azul, una raya (*stripe*) por acá, otra raya por allá. El hincha ha desarrollado la técnica perfecta para pintarse la cara con los colores de su equipo con extrema precisión.

15   Si el hincha es fanático de Rosario Central y antes de entrar a la cancha se encuentra con los hinchas de Newell's Old Boys, seguramente piensa lo siguiente: "Esos ridículos con la cara pintada de rojo y negro, rayita de acá, rayita de allá. Además, con ese nombre de equipo en inglés, ¿quiénes se creen que son? Ya les vamos a ganar y así van a saber quién es el mejor".

20   Un verdadero hincha cree que su equipo es el mejor. Si el equipo pierde, insiste en que el árbitro (*referee*) se equivocó. O mucho peor, piensa que el árbitro es fanático del otro equipo y por eso los favoreció.

Para el hincha, lo mejor es ganar y celebrar, y la mejor forma de hacerlo es salir por las calles con el resto de la hinchada. Después de todo, ¡el fútbol es pasión de

25   multitudes! Olé, olé, olé, oléee...

Por sobre todas las cosas, el hincha de fútbol siente una pasión tan profunda por este deporte que desafía cualquier límite. Y es así de intensa porque seguramente aprendió a sentir ese amor que su padre o su abuelo le enseñaron desde el primer día que lo llevaron a la cancha cuando era tan solo un niño. Por eso, se dice que

30   el fútbol es una pasión que se lleva en la sangre y en el corazón, y así el auténtico hincha ayuda a conectar las generaciones pasadas con las próximas. Que quede muy claro.

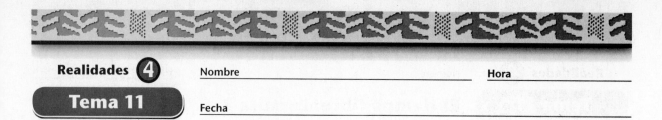

Vocabulario y comprensión

1. **Vocabulario**   Identifica la definición apropiada de la palabra "hincha", según la lectura.

   A un hombre que mira partidos de fútbol ocasionalmente

   B un hombre a quien le gusta cantar en la calle

   C un jugador de fútbol

   D un fanático o aficionado a un equipo de fútbol

2. **Vocabulario**   Vuelve a leer el último párrafo e identifica un sinónimo del adjetivo "verdadero" que se utiliza en el texto.

   A profundo

   B intenso

   C auténtico

   D claro

3. **Ideas clave y detalles**   Lee el párrafo completo que empieza con: "Si el hincha es fanático de Rosario Central...". [líneas 15–19] ¿Quiénes son los "ridículos con la cara pintada de rojo y negro" que se mencionan?

   A Son turistas que creen que es necesario pintarse la cara para entrar al partido.

   B Son los fanáticos que apoyan al equipo rival de Rosario Central.

   C Son los jugadores del equipo de Rosario Central, cuyos colores son el rojo y el negro.

   D Son los entrenadores de Rosario Central, que llevan uniformes rojos y negros.

4. **Ideas clave y detalles**   Según el texto, ¿cuál es la actitud de un hincha con respecto a los fanáticos del otro equipo? Escoge **dos** opciones.

   A Les tiene mucho miedo porque piensa que el equipo rival es muy bueno.

   B Piensa que el equipo rival no es tan bueno como el suyo.

   C Critica la manera en que se pintan la cara y los colores que usan.

   D Muestra ganas de hacerse hincha del club rival.

Vocabulario y comprensión (continuación)

5. **Composición y estructura**   ¿Cuál es la intención del autor al usar la expresión "pasión que se lleva en la sangre" [línea 30] para referirse al fútbol, según el contexto?

   A indicar que los hinchas tienen la presión de sangre elevada

   B explicar que la pasión por el fútbol es como una enfermedad

   C explicar que la pasión por el fútbol se hereda de la familia

   D indicar que el fútbol es una pasión que cura problemas de la sangre

6. **Integración de conocimientos**   ¿Qué citas de las lecturas 1 y 2 demuestran que el fútbol es un deporte que despierta pasiones y sentimientos extremos? Elige **dos** opciones.

   A "A veces, la alegría y el entusiasmo son tan efusivos que se convierten en disturbios".

   B "...hoy por hoy el fútbol no es una cosa exclusivamente de hombres."

   C "Si el equipo pierde, insiste en que el árbitro se equivocó".

   D "¿Y por qué no mirar el partido por televisión?"

Realidades 4

Nombre _____   Fecha _____

Tema 11

El tiempo libre: Integración de ideas

Escribir

En los países de Latinoamérica y Europa, el fútbol es un fenómeno social y cultural. La primera lectura intenta explicar este fenómeno presentando el caso de Argentina, mientras que en la segunda lectura un fanático cuenta su experiencia personal. Escribe un ensayo que responda a la siguiente pregunta: ¿De qué manera las actitudes y acciones del narrador de la lectura 2 demuestran que el fútbol es un fenómeno social y cultural en la Argentina? Cita la información de las dos lecturas para apoyar tu punto de vista.

_____

_____

_____

_____

_____

_____

_____

_____

Writing Task Rubric

	Score: 1 Does not meet expectations	Score: 3 Meets expectations	Score: 5 Exceeds expectations
Completion of task	Does not complete the task within context of the topic.	Partially completes the task within context of the topic.	Effectively completes the task within context of the topic.
Use of evidence	Student presents no evidence from either selection to support response.	Student presents evidence from only one selection to support response.	Student presents evidence from both selections to support response.
Comprehensibility	Student's ideas are unclear and are difficult to understand.	Student's ideas are somewhat clear and coherent and fairly well understood.	Student's ideas are clear, coherent and easily understood.
Language use	Very little variation of vocabulary use with many grammatical errors.	Limited usage of vocabulary with some grammatical errors.	Extended use of a variety of vocabulary with very few grammatical errors.
Fluency	Uses simple sentences or fragments.	Uses complete but simple sentences.	Uses a combination of simple and complex sentences.

Tema 11

El tiempo libre:
Integración de ideas (continuación)

Hablar y escuchar

En grupos pequeños, preparen una presentación en la que comparen el fútbol como fenómeno cultural en Argentina con otro deporte popular en su cultura. Consideren las siguientes preguntas: ¿Qué deporte en su país es una "pasión de multitudes"? ¿Cuáles son las actitudes, comportamientos y formas de pensar de sus seguidores o fanáticos? ¿En qué se asemeja y se diferencia del fútbol en Argentina? Acompañen su presentación con elementos visuales.

Presentational Speaking Task Rubric

	Score: 1 Does not meet expectations	Score: 3 Meets expectations	Score: 5 Exceeds expectations
Completion of task	Does not complete the task within context of the topic.	Partially completes the task within context of the topic.	Effectively completes the task within context of the topic.
Use of evidence	Student presents no evidence from either selection to support response.	Student presents evidence from only one selection to support response.	Student presents evidence from both selections to support response.
Comprehensibility	Student's ideas are unclear and are difficult to understand.	Student's ideas are somewhat clear and coherent and fairly well understood.	Student's ideas are clear, coherent and easily understood.
Language use	Very little variation of vocabulary use with many grammatical errors.	Limited usage of vocabulary with some grammatical errors.	Extended use of a variety of vocabulary with very few grammatical errors.

Acceder a los avances tecnológicos y reducir la brecha digital: el verdadero reto para Latinoamérica

1 Las tecnologías de la informática y la comunicación, abreviadas "TIC", son tecnologías como la televisión, Internet, la radio, el teléfono, los celulares, las
5 computadoras y las tabletas digitales que dependen de redes de telecomunicaciones y la informática. Son una herramienta para el desarrollo y el avance de la sociedad porque influyen en la vida
10 diaria. Al principio, cuando apenas (*barely*) se empezaba a implementar la infraestructura para las TIC, se sabía que existía una desigualdad entre los países desarrollados y aquellos en vías de
15 desarrollo. Pero se creía que este desafío se solucionaría con el tiempo gracias al uso de estas tecnologías. Sin embargo, el tiempo ha pasado y estas desigualdades se han convertido en un problema difícil de
20 solucionar porque resulta difícil frenar la rápida innovación tecnológica y al mismo tiempo dar acceso y educar a todos los analfabetos digitales.

Hoy en día se usa la expresión "brecha
25 digital" para explicar el problema, ya que este concepto describe la desigualdad que existe entre las personas o comunidades que tienen acceso a o conocimiento sobre las tecnologías de la información y la
30 comunicación, y aquellas que no lo tienen.

En el informe "Global Information Technology Report 2013", generado por el Foro Económico Mundial, se analizaron 144 países para medir el impacto de las
35 TIC en la competitividad de las naciones y en el bienestar de sus ciudadanos. El informe destacó que se evidencia una falta de progreso en la reducción

de la brecha digital a nivel mundial,
40 no solo en términos de desarrollo de la infraestructura, sino también en el impacto económico y social que resulta de ello.

Los países con más de un 50% de cobertura de Internet en Latinoamérica son Uruguay, Argentina, Chile, Puerto Rico y Colombia.

Según el informe, la región de
45 Latinoamérica y el Caribe ha mejorado notablemente en la adaptación de las tecnologías de la información y la comunicación desde el 2010. Por ejemplo, Chile subió cinco lugares (a la posición 34),
50 Puerto Rico subió siete (a la 36), México subió 15 lugares (a la 63). En total, hay 10 países latinoamericanos y caribeños dentro de los primeros 72 países, cuatro más de los que había en el informe
55 del 2010.

En lo que corresponde al número de usuarios de Internet, según el sitio web *World Stats*, Latinoamérica y el Caribe cuentan con un 10.4% del total
60 de usuarios de Internet del mundo, 1% menos que América del Norte. En cuanto a la penetración de o acceso a Internet, la región de Latinoamérica y el Caribe es la cuarta (42.9%) a nivel mundial que
65 cuenta con servicios de Internet. Según un estudio publicado en el portal digital Tendencias Digitales, los países con más de un 50% de cobertura de Internet en

Realidades 4

Nombre _____

Fecha _____

Tema 12

Temas que no pasan de moda:
Lectura 1 (continuación)

Latinoamérica son Uruguay, Argentina,
70 Chile, Puerto Rico y Colombia.

Aunque ha mejorado mucho la
penetración de Internet y el número
de usuarios de Internet que se conecta
por medio de computadoras, teléfonos
75 móviles y tabletas digitales, el
porcentaje de penetración de Internet
en Latinoamérica y el Caribe todavía
es menos del 50%. Esto se debe a varias
causas. Primero, las políticas regulatorias,
80 que controlan el establecimiento de

nuevas compañías y no permiten la
competición. En segundo lugar, la
presencia de monopolios de empresas ha
provocado que los precios de las nuevas
85 tecnologías sean hasta tres veces mayores
que en los países con mayor desarrollo
tecnológico. Finalmente, los precios de
los servicios necesarios para implementar
estas tecnologías son tan altos que se
90 vuelven inaccesibles para la mayoría de la
población de la región.

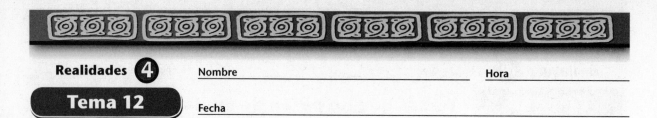

Realidades 4

Tema 12

Nombre _____   Hora _____

Fecha _____

Vocabulario y comprensión

1. **Vocabulario**   En el primer párrafo, el autor habla de "analfabetos digitales" [línea 23]. Identifica la opción apropiada para definir este término.

    A personas que no tienen la habilidad de usar el alfabeto manual de los sordos

    B personas que no tienen la habilidad de analizar los números

    C personas que no saben leer y escribir con la mano

    D personas que no saben usar las nuevas tecnologías

2. **Vocabulario**   Contesta las preguntas.

    Parte A: Vuelve a leer el segundo párrafo. [líneas 24–30] ¿Qué palabra dentro de la oración te ayuda a entender el significado de palabra "brecha"?

    A digital

    B desigualdad

    C acceso

    D conocimiento

    Parte B: Según tu respuesta en la parte A, ¿qué opción define mejor la palabra "brecha"?

    A distancia o diferencia entre dos cosas

    B falta de igualdad social

    C competitividad de las naciones

    D tipo de infraestructura o servicio

3. **Vocabulario**   Lee la oración: "En cuanto a la penetración de o acceso a Internet, la región de Latinoamérica y el Caribe es la cuarta (42.9%) a nivel mundial que cuenta con servicios de Internet". [líneas 61–65] ¿Cuál de estas opciones explica lo quiere decir la palabra "penetración" en este contexto?

    A la reducción del servicio de Internet en una región

    B el número de compañías de computadoras en una región

    C la expansión del servicio de Internet en una región

    D la transformación del sistema telefónico en una región

Vocabulario y comprensión (continuación)

4. Ideas clave y detalles   Según el informe del Foro Económico Mundial, ¿cuáles son **dos** señales o indicadores del efecto de la brecha digital en el mundo?

    A la rápida innovación tecnológica a nivel mundial

    B una falta de progreso en el desarrollo de infraestructura

    C la competitividad de las naciones de Latinoamérica

    D un impacto negativo económico y social en los ciudadanos

5. Ideas clave y detalles   Según el informe del Foro Económico Mundial, ¿cuál de los siguientes países muestra una menor adaptación a las nuevas tecnologías?

    A México

    B Uruguay

    C Puerto Rico

    D Colombia

6. Ideas clave y detalles   ¿Cuál de estas razones **NO** es la causa de que el porcentaje de penetración de Internet en Latinoamérica y el Caribe todavía sea menor del 50%?

    A Las políticas de regulación no permiten la creación de nuevas compañías.

    B La creciente competición entre compañías ha provocado problemas políticos.

    C La presencia de monopolios de empresas aumenta los precios de las nuevas tecnologías.

    D Los precios de los servicios utilizados por las nuevas tecnologías son muy caros.

7. Ideas clave y detalles   ¿Cuál es el tema principal de este informe?

    A los distintos usos de tecnologías en Latinoamérica

    B la brecha digital en Latinoamérica

    C la falta de servicios tecnológicos en Latinoamérica

    D el número de usuarios de Internet

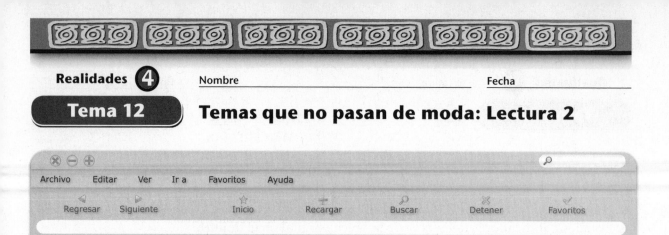

Realidades 4

Tema 12   Nombre _____   Fecha _____

Temas que no pasan de moda: Lectura 2

Archivo   Editar   Ver   Ir a   Favoritos   Ayuda

Regresar   Siguiente   Inicio   Recargar   Buscar   Detener   Favoritos

Aakash, la tableta más barata del mundo

1 India lanzó lo que aseguran es la tableta de pantalla táctil más barata del mundo: US$35.

A un precio que es catorce veces menor que el más barato de los iPad y cinco veces menor que el recientemente anunciado Kindle Fire gracias a que está
5 subvencionada (*subsidized*), la Aakash tiene como objetivo los estudiantes. Cuenta con navegador web y sirve para hacer video llamadas. La batería dura cuatro horas y tiene además dos puertos USB. Pero todo eso no disipa (*dispel*) las dudas sobre su rendimiento (*performance*).

Los funcionarios responsables esperan que sirva para dar acceso al mundo
10 digital a estudiantes de pequeñas ciudades y pueblos de todo el país, sobre todo allá donde hay un cierto atraso (*delay*) en la alfabetización digital. En el momento del lanzamiento (*launch*) en la capital india, Nueva Delhi, el ministro de Recursos de Desarrollo Humano, Kapil Sibal, repartió entre estudiantes medio millar de Aakash (que significa cielo).

15 Sibal dijo que su gobierno planea comprar 100.000 unidades y que espera distribuir diez millones de dispositivos entre los estudiantes del país a lo largo de los próximos años. "Los ricos tienen acceso al mundo digital, los pobres y la población ordinaria han quedado excluidos. Aakash terminará con esa brecha digital", dijo Sibal.

Romper la brecha digital
20 El gobierno repartió 500 unidades entre estudiantes para que las prueben. La tableta fue desarrollada por DataWind, una compañía
25 con sede (*headquarters*) británica, y el Instituto Indio de Tecnología, con sede en Rajastán. En sus planes está que sean ensambladas
30 en India, en un centro de producción de DataWind en la sureña (*southern*) ciudad de Hyderabad.

Estudiantes universitarios prueban la tableta Aakash.

35   "Nuestro objetivo es romper la barrera del precio para la informática y el acceso a Internet", comentó el presidente de DataWind, Suneet Singh Tuli.

"Hemos creado un producto que hará finalmente accesible económicamente el mundo digital e Internet".

La empresa también espera ofrecer una versión comercial de la tableta, UbiSlate. Sus planes es tenerla en las tiendas a finales de este año a un precio que rondará

40   (*approximate*) los US$60.

Dudas

Sibal dice que el aparato servirá para mejorar la educación en su país. Los expertos coinciden en que tiene potencial como para suponer una enorme mejora en la educación del país, particularmente en áreas rurales donde las escuelas y los

45   estudiantes no tienen acceso a bibliotecas ni a información actualizada.

Pero los críticos dicen que es demasiado pronto para adelantar resultados de la llegada de Aakash, pues la mayoría de las tabletas de bajo costo del pasado han resultado ser excesivamente lentas.

"Lo que pasa con las tabletas baratas es que la mayoría resultan carecer (*lack*)

50   de facilidad para ser usadas", le dijo a la agencia Reuters Rajat Agrawal, del sitio especializado en tecnología BGR.

"No tienen una pantalla táctil demasiado buena y generalmente son muy lentas".

Los críticos también recuerdan que planes anteriores para hacer una computadora portátil de bajo costo se han desvanecido (*vanished*). En 2009, se anunció una iniciativa

55   de hacer una computadora de US$10 que captó las miradas del mundo y disparó (*ignited*) el interés de los medios. El resultado fue decepcionante (*disappointing*) cuando el "Sakshat" no pasó de un prototipo (*prototype*) de un dispositivo de mano sin un precio específico que nunca se materializó.

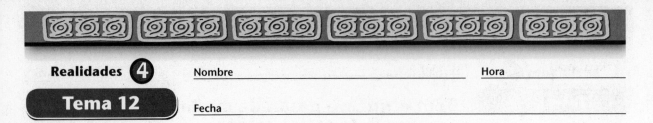

Realidades **4**

Nombre _____ Hora _____

Tema 12

Fecha _____

Vocabulario y comprensión

1. **Vocabulario**   Vuelve a leer las primeras dos secciones del artículo e identifica **dos** sinónimos de "tableta" que el autor usa en el contexto de este artículo.

    A unidad

    B navegador web

    C versión comercial

    D dispositivo

2. **Vocabulario**   Lee la oración: "India lanzó lo que aseguran es la tableta de pantalla táctil más barata del mundo: US$35". [líneas 1–2] ¿Con qué parte del cuerpo está relacionada la palabra "táctil"?

    A el ojo

    B la mano

    C el oído

    D la boca

3. **Vocabulario**   Lee la oración: "En sus planes, está que sean ensambladas en India, en un centro de producción de DataWind en la sureña ciudad de Hyderabad". [líneas 28–33] ¿Cuál de estas palabras es un equivalente de "ensambladas"?

    A planificadas

    B distribuidas

    C armadas

    D beneficiadas

4. **Ideas clave y detalles**   Lee la oración: "Los ricos tienen acceso al mundo digital, los pobres y la población ordinaria han quedado excluidos". [líneas 17–18] ¿A qué se refiere Sibal con este comentario?

    A a que el acceso a la tecnología no es igual para todos los habitantes de la India

    B a que solo los ricos tienen el derecho legal de usar estas nuevas tecnologías

    C a que un costo comercial de US$60 ayudará a los estudiantes a tener una tableta

    D a que los pobres no tienen interés en aprender a usar las nuevas tecnologías